缝度
PSYCHOLOGY

理解
·
现实
·
困惑

如何 （原书第 2 版）
让有效改变持续发生
学校中的焦点解决

[美] 约翰尼 S．金（Johnny S. Kim）
[美] 迈克尔 S．凯利（ Michael S. Kelly） 著
[美] 辛西娅 · 富兰克林（Cynthia Franklin）

胡治国 骆宏 ———————————— 译

中国纺织出版社有限公司

译者序

自 20 世纪 80 年代被创立以来，焦点解决短期治疗（SFBT）已逐渐成为心理健康服务工作者经常选择的一种方法。特别是针对儿童青少年心理健康问题，SFBT 似乎是医疗和教育工作者可以共同使用的技术工具。儿童青少年心理健康的“主战场”之一在学校，如何把 SFBT 更好地运用到学校中，使“医教融合”不仅体现在制度体系设计上，也能在干预实践中落地，是笔者一直思考和实践的课题。笔者的学生，有很多在中小学做心理健康老师，他们在工作中面临着很多挑战，因为在学校环境中学生的问题是多种多样的，他们不仅面临着沉重的个案负担，还要做好学校整体的心理健康教育工作，期望学生都能健康成长。为此，迫切需要一本专业的书籍或指南来告诉他们、告诉那些希望在学校中推广应用 SFBT 的心理老师和教育工作者们，如何在学校的各项工作中运用 SFBT 的理念和方法。这本《如何让有效改变持续发生》，恰好可以满足这种迫切的需求，因此，当笔者第一次看到这本书的时候，就萌发了尽快把它译介给中国读者的冲动。

翻译的过程，也是笔者进一步学习与思考的过程。SFBT 是一种全新的思维方式，它的特点决定了它非常适用于学校：基于优势、以当事人为中心、用小改变带来大不同、易于操作、具有广泛的适应性、时程可长可短、具有跨文化性、适合于特殊学生的个别化教育。在 SFBT 咨询师和学校心理老师的思维中，问题与解决之道在任何学校环境中都是无处不在的。因为改变是持续发生着的，这就要求我们将注意集中在那些小改变上，这些小改变可能为当事人带来生命中的巨大变化。与那些微小的、有时不易察觉的变化打交道，正是 SFBT 咨询师和学校心理老师的精髓所在。虽然 SFBT 并不是为在学校情境中应用而创立的，但它显然是一种适合在学校中广泛使用、简单易行的实践哲学。一个焦点解决取向的老师可以帮助学生（尤其是那些不容易打交道的学生）关注什么是有效的，以及他们可以如何用积极的方式去改变自己的生活。这就决定了 SFBT 可以很好地被用来培养学生积极的心理品质，提升学生的核心素养，更好地服务于培养能够担当民族复兴大任的时代新人的要求。

在笔者看来，本书的结构也非常适合读者了解如何在学校中运用 SFBT。为了让读者先对 SFBT 有一个较为全面的理解，本书的第一部分（包含第 1 ～ 3 章）介绍了 SFBT 在学校中的应用概览，SFBT 的发展历史和主要理念、方法，以及证明其有效性的科学研究现状；在第二部分（包含第 4 ～ 6 章），作者介绍了三级干预框架下的焦点解决短期治疗，并运用丰富的案例分别介绍了 SFBT 在一级、二级和三级干预中的实际运用；在第三部分（包含第 7 ～ 9 章），作者通过案例依次介绍了如何运用 SFBT 应对美国学校场景中最常遇到的三种问题：儿童虐待和忽视、心理健康和自杀意念、进食障碍，为我们进一步了解 SFBT 在学校中对特殊问题学生的处理提供了很好的参考。

在这里，要特别感谢与我们一同完成翻译工作的徐逸杰、朱柳丹、傅楚巧、陈鹏宇和李雅静，他们在翻译的初始阶段，完成了很多基础性的工作，使本书得以尽快与读者见面。特别感谢中国纺织出版社心理图书分社的关雪菁社长，她非常支持我们翻译这本书; 感谢刘宇飞博士，她对本书的译稿提出了很多意见和建议，使我们重新审视一些表达，以更加符合翻译工作的“信”“达”“雅”。

我们希望，通过带领读者 360° 全面了解 SFBT，能够帮助大家在学校场景中应用 SFBT 理念和技术做好更多准备。我们期待这本书的出版能对关注学生心理健康工作的所有人有所帮助和启发。

胡治国 骆宏

杭州师范大学儿童青少年心理健康研究所

2023 年 11 月于杭州

/ 目录

// 第 1 部分　理论篇 //

第 I 部分

理论篇

第 1 章

问题无处不在，解决之道亦然：SFBT 为学校心理健康带来新希望

中文版导读

学校是学生在家庭之外最重要的生活场所。如今这一场所正面临着巨大的挑战，书中提到的各种学校问题，例如学生的行为问题，家校沟通矛盾，儿童青少年因学业压力、同伴关系、与父母 / 老师的关系以及意义失落、价值观扭曲等而产生心理困扰或自残自杀等严重心理问题，似乎越来越成为全球性普遍话题。不久前，教育部等 17 部门联合发起《全面加强和改进新时代学生心理健康工作专项行动计划（2023—2025 年）》，这正是我们国家对这一重大公共卫生问题及社会问题所采取的有力回应。

有过学生心理工作经验的老师就会知道，学生心理辅导绝非简简单单的“你有问题，我来服务”的单向个人行为。想要有效地应对，既需要整体解决方案，也需要便捷有效的工具穿插辅助。置身于学校系统，它更类似开放式个案管理，需要与学校内外方方面面进行链接，需要一个家—校—医—社多方协同联动的整体解决方案进行统筹推进。然而如何才能做到这一点，坦率地讲，我们还缺乏行之有效的成熟经验。本书正是介绍了焦点解决短期治疗（SFBT）这一心理健康促进工具是如何被有机地整合在学校服务体系之中，并以此为牵引推动学校整体心理健康工作的。他山之石，可以攻玉。这是值得将本书推荐给广大实务工作者阅读学习的一个重要理由！

焦点解决短期治疗开创于 20 世纪 80 年代初，其核心理念是“聚焦未来，目标导向”，它从实践中诞生，扎根于应用，极具创造力。当前，无论是它“不纠结于问题”所体现的发展性理念，还是“短期”二字所折射出的“不过多干预”的人文哲思，都使得它在除心理治疗的专业领域外产生出巨大的影响。而它在学校中的应用，更是极为丰富和富有想象。本书从元分析、干预研究以及实践等各个角度呈现了学校环境中基于 SFBT 应用的全方位视角。

学生心理干预特别需要整体营造出一种积极向上的氛围，需要一种“润物细无声”的干预。我们在看到问题的同时，也需要意识到，学校环境中的解决之道无处不在。在本章中，SFBT 何以特别适合学校心理健康服务被总结为 8 条，从已有的实践经验看，这 8 个特点可以在多种干预水平上运用于不同的情境中，从而创设出颇具特色的焦点解决校园氛围，即老师和同伴都会更关注那些积极的小改变，让那些微小到不易察觉的变化成为学生成长的坚实台阶。在这样的校园氛围中，学生更加自信，更富有创造力，焦虑、抑郁的患病比例也会大大下降；老师的压力也会更小，更能够集中精力完成教学工作，与家长的沟通也会更加通畅。可以说，这 8 个特点看似平淡，其实是牵一发而动全身的总则，它为我们提供了焦点解决短期治疗何以能够融入学校方方面面的基本准则，值得我们反复品味。

文 / 骆宏

自 20 世纪 80 年代被创立以来，焦点解决短期治疗（solution-focused brief therapy，SFBT）已逐渐成为心理健康服务工作者经常使用的一种治疗方案（MacDonald, 2007）。在学校环境中，学生的问题是多种多样的，大多数学校心理老师面临着沉重的个案负担。由于 SFBT 具有重视当事人的优势和短程治疗的特点，它非常适用于学校的心理健康工作（Franklin, Biever, Moore, Clemons, & Scamardo, 2001; Newsome, 2005）。本书（第 2 版）是"牛津工作坊系列"的一部分，它从元分析、干预研究以及实践的角度对学校环境中的 SFBT 进行了全方位阐释。

我们更新了前一版的所有章节，同时，为了进一步扩展体现 SFBT 技术的临床实例，我们还增加了新的章节。自 2006 年第 1 版问世以来，SFBT 在学校的应用研究取得了一些进展，包括近年发表的系统综述，以及对国家（美国）注册系统中的 SFBT 循证研究的讨论，对此我们将在本版中进行介绍。第 2 版还对原有的一些章节进行了扩充，为那些可能想应用 SFBT 的学校增加了一个"对干预的反应"（response to intervention, RTI）框架。另外，本书还新增了几个临床应用章节，我们称之为"SFBT 实务"，这些新章节涉及的问题，是第二次全美学校心理健康工作调研中发现的、学校心理老师在实际工作中最常遇到的与学校有关的问题，本书将通过这些新章节进一步展示如何运用 SFBT 技术帮助学生。

本书将带您全方位了解 SFBT 在学校心理健康工作实践中的应用。您将首先了解什么是 SFBT，它从 20 世纪 80 年代被创立到现在的情况。在第 2 章，我们讨论了 SFBT 技术，以及为什么这种技术可以被直接应用于学校心理健康工作实践；另外，我们还展示了 SFBT 关于"改变"的理论，以帮助解释这些技术如何正面地影响学生。在第 3 章，我们深入探讨了"SFBT 真的有用吗"这一问题，涵盖了关于 SFBT 实践的一些系统综述和元分析的研究结果，并对 SFBT 实践领域的科学研究现状作了全面介绍。第 4 章简要介绍了第一层级目标，以及 SFBT 如何在学校常用的“对干预的反应”框架内发挥作用；第 4 章还重点介绍了一所学校——美国得克萨斯州奥斯汀市的加尔扎独立中学（Gonzalo Garza Independence High School in Austin，Texas），本书作者与该中学进行了广泛的咨询和顾问合作，该校的实践也证明了焦点解决第一层级方案的有效性，这个方案在学校整体的课程教学和管理过程中均采用了 SFBT 的理念和原则。第 5 章讨论了第二层级目标，以及如何将 SFBT 应用于被认定为“高风险”的目标学生群体；这一章还专门介绍了一种在学校实践中特别令人振奋的新方案——“有效地多做”（working on what works，WOWW）项目，以说明 SFBT 如何适应课堂和小组教学情境。“有效地多做”是一个教师教练干预项目，旨在增进师生合作，以获得更好的学习环境。我们详细描述了芝加哥（Chicago）地区（2007—2012 年）“有效地多做”干预项目，同时还分析和讨论了最初的“有效地多做”项目中那些鼓舞人心的数据结果。第 6 章介绍了加尔扎中学实践中的一些积极成果，以展示学校心理老师在不同的 K-12 学校环境中如何利用第三层级方案（密集的个体辅导）来落实 SFBT 理念。第 7 章至第 9 章（即第三部分）介绍了心理老师在学生中最常遇到的三种问题，详细地阐述了如何将 SFBT 技术运用于学校实践中。

/ 学校中的解决之道

学校环境中的问题比比皆是。学生并不总是好好学习的，教师也并不总是清楚如何与成绩不佳或叛逆的学生打交道，他们认为这类学生只是对学习“不上心”，而家长有时会急于怪罪学校里的某个人。这可能会给学校的整体氛围带来额外一些压力，如校园暴力、欺凌、帮派活动或其他违法行为，学校管理者一方面努力对这些行为保持“零容忍”，另一方面又要营造一个积极的、以学生为中心的学习环境，以提高所有学生的学习成绩。问题似乎还不止这些，教育领域目前正受到来自社会各方的压力，政府要求学校提供准确的、可测量的年度目标进展，这一情况自 2002 年实施“不让一个孩子掉队”的法律以来变得更加明显。

然而，学校环境中的解决之道也无处不在。小学二年级的学生早早起床，告诉父母自己迫不及待地想去学校，这样就可以看到老师和朋友们。教师在走廊上告诉同事，自己为能和学生们开始一个新项目感到很兴奋。在咖啡馆、美容店或其他家长聚集地，家长们鼓励其他父母把孩子送到自己孩子所在的学校，因为这所学校有很多优点。学校可以是一个充满解决之道、优势与成功的地方。学校心理健康服务人员有很多种方法去建构解决之道，这些方案在学校中已经被广泛应用。

通过数据库检索，我们发现，目前在 10 多个国家已经出版了 50 多本关于 SFBT 以及与 SFBT 相关的书籍，在国际上有好几个关于 SFBT 的年度会议。在第 3 章中，我们会分享关于 SFBT 研究的一个元分析，这些发现在目前关于 SFBT 实践的文献中有着重要的影响。与认知行为治疗（cognitive-behavioral therapy，CBT）等被研究者关注更多的治疗方法相比，SFBT 仍需要更多严谨的研究来证明其有效性。但正如第 3 章所表明的，SFBT 方法正在成为一种被实证研究证明具有显著疗效的实践方案，就像 CBT 那样（Franklin, Trepper, Gingerich, & McCollum, 2012）。

本书将介绍 SFBT 方法的全貌，每年都会有许多实证研究、理论和实践应用加入其中，使这个方法不断走向完善。本着用证据说话的科学精神，我们不会夸大或是贬低现有关于 SFBT 有效性的研究，我们将与你分享这些发现，并邀请你与我们一起来评估如何让这些发现更好地适应你自己的实践风格和学校环境。

/ 为什么 SFBT 能很好地适用于学校心理老师工作实务

在 SFBT 取向的学校心理老师的思维中，问题与解决之道在任何学校环境中都是无处不在的。事实上，关于 SFBT 的一个更大胆的理念认为，改变是持续发生着的，这就要求我们将注意集中在那些小改变上，这些小改变可能为当事人带来生命中的巨大变化。与那些微小的、有时不易被察觉的变化打交道，正是身为 SFBT 心理老师的精髓所在，这样做可以使学校在处理关键的教育难题时，更加注重解决之道。

下面这则简短的案例，向我们展示了改变确实是“无处不在”的，以及熟练的 SFBT 心理老师是如何利用“改变”来帮助当事人在日常学校行为中变得大为不同的。阅读这个案例，不仅是为了了解具体的 SFBT 技术是如何实施的（这一点后面会有更多介绍），也是为了理解当事学生的人际关系系统中的不同成员是如何看待 SFBT 心理老师所进行的干预，然后与老师一起帮助学生取得成功的。

波妮塔是我在第一份学校心理健康工作中遇到的首批学生之一。她是一名刚转学过来的六年级学生，她当时很迷茫无助，她不知道她的特教班在哪里，她向我问路，我把她带到了她的老师那里。第二周，她在我的办公室里哭着说她非常想念以前的学校，不喜欢现在这所学校初中部的大孩子们。她对她的老师说：“我恨这所学校，明天我要待在家里！”虽然我对她的悲伤和焦虑表示理解，但我问她在我们学校是否注意到有什么事情变得更好了。她说目前有一个原来学校的好朋友和她在一起，而且她们现在在同一个班。我问她如果在一个 1 分到 10 分的量尺上，对自己目前在学校的体验进行打分，10 分代表最好，她会怎样打分。她流着泪问道：“能不能比 1 分更低？”我说：“当然可以。”她接着说：“那就是 0 分。”

我问她怎样才能让她觉得在这所学校值得打 2 分或 3 分，她说："除非有大奇迹发生。"然后我让她想象一下，假如今天晚上就发生了一个这样的奇迹，第二天当她来到学校的时候，这里的一切对她来说都变得更好了，在这种情况下，她会首先注意到什么地方的不同？波妮塔想了一会儿，回答说："我将能自己打开自己的储物柜。"

原来，波妮塔以前从未使用过密码锁，这让她非常焦虑，同时也感到很无能，因为她班上其他的孩子都能顺利使用。我们制定了一个目标：和她的老师一起学习使用储物柜的相关技能。接下来的几周，每天早上当波妮塔走进学校时，我看到她脸上都带着微笑和欢乐。

像波妮塔一样，学校本身在利用心理健康服务方面也正在经历自己的转型。一些政策制定者和教育领导者呼吁学校提供"全面的服务"，为学生和家长提供心理健康、职业教育等服务，因为这些是那些外部社区机构无法有效提供的。还有一些人认为，学校提供的心理健康服务是一种"额外"服务，只需提供到能使学生的学业成绩产生明显进步的程度，从而使学生在竞争中取得成功。我们的一位同事记得，当地一位学监告诉他，只有当我们的 SFBT 研究项目对他们的教育相关事项产生可测量的积极影响时（即更高的平均学分绩点和出勤率），他才会支持这个项目。

学校领导和家长希望从学校心理健康服务中获得更多，这个想法是正确的；而这个行业本身才刚刚开始意识到需要对利益攸关者增加透明度，以便他们了解我们在学校实践中通常采用的干预措施的相对有效性。本书将使你对 SFBT 的理念和技术有更多的理解，使你了解到关于 SFBT 整体有效性的最新证据，还会给你展示心理老师在特定学校环境中实施 SFBT 的几个例子。我们希望通过带你 360° 全面了解 SFBT，能够为你接下来在学校场景中应用 SFBT 理念和技术做好更多的准备。

/ SFBT 在学校环境中的优点

为什么焦点解决模式在学校环境中会有帮助？学生、教师和家长即使没有接受所谓的“治疗”，他们也能被学校心理老师“关注到”。除了使用 SFBT 技术挖掘学生的优势和特长，它也可以帮助心理老师观察学生在与学校成员的日常交往中是如何处理诸多挑战的（工具箱 1-1）。

工具箱 1-1 SFBT 的优点

- SFBT 是基于优势的；
- SFBT 是以当事人为中心的；
- SFBT 让小改变带来大不同；
- SFBT 是易于操作的；
- SFBT 是适应性广的；
- SFBT 时程长短可根据当事人的需求来调整；
- SFBT 能提高从业者的跨文化能力；
- SFBT 适用于特殊的个别化教育计划目标。

// SFBT 是基于优势的

焦点解决模式认为人是有优势的，并且这些优势当下正在积极地帮助当事人应对他们的处境。并不是说当事人不接受额外训练，或是不以某种方式听取学校心理老师对问题的看法，就不能解决他们面临的难题。相反，当事人利用他们自身的优势，就可以解决他们的问题。

关注优势的学校心理老师，并不预设所有当事人都需要接受针对特定疾病或功能障碍的某种治疗，他们更乐于看到当事人自己的努力，通过向当事人提出问题来帮助他们激发内在优势以解决他们面临的特定问题。此外，心理老师通常需要通过撰写报告和个案总结来记录他们与当事人所进行的工作。SFBT 为他们提供了大量机会，他们不仅可以关注当事人的优势，还可以将这些优势纳入他们的书面评估报告和其他文书工作中。

// SFBT 是以当事人为中心的

SFBT 从当事人目前所处的位置出发——有时是以戏剧性和强有力的方式——营造出可以使当事人确立他们自己的目标、并让他们自己决定希望在生活中哪些方面做出哪些改变的环境。在学校环境中，焦点解决导向的心理老师更有可能会注意到并回应当事人实际要求和希望做出改变的地方，无论当事人是学生还是教师。除了增加当事人接受特定干预和达成目标的可能性，关注当事人想要改变的地方，SFBT 还有助于使学校的整个转介和处置过程变得更加以当事人为中心，从而比那些标准的行为矫正计划更加有效，因为标准的行为矫正并不总是能够包含当事人的具体目标与愿景。

// SFBT 让小改变大不同

家长、教师和教育管理人员经常抱怨某个学生的情绪或行为问题改变得太慢或太不明显了，这种抱怨也是学校心理健康工作实践中最大的挑战之一。SFBT 却不这样看问题，它要求心理老师致力于帮学生做出小的改变，然后维持这些改变。背后的道理是，伴随着这些小成功，当事人会开始认为自己有能力在生活中做出更大的改变。在学校心理健康工作实践中，我们一次又一次地看到这些原则在学生身上得到体现：通过解决一个问题的一部分，或者帮助教师看到他们已经“放弃”的某个学生身上的一个优势，更大的改变将成为可能，当事人在我们的少量辅导或鼓励下继续做出改变、不断取得进步。

// SFBT 是易于操作的

尽管 SFBT 从创立之初到现在，一直是一套根植于临床心理治疗的技术，但它也可以在许多非临床的学校情境中发挥作用。学校的几乎任何地方，都是应用 SFBT 理念或技术的潜在场所：在班会上，学生对自己的行为进行评分，然后讨论他们必须做些什么不同的事才能在下周给自己打更高分数；在特殊教育员工会议上，家长和教师一起描述学生没有表现出问题行为时的例外情况，努力探究学习环境以及学生可以做哪些调整来避免这些问题行为再次发生；在操场上进行调解时，学生们思考可以怎样做一些改变才能避免他们正面临的冲突。所有这些例子（以及你将在本书中读到的更多例子）都强调了心理老师可以通过各种方式将 SFBT 应用到不同情境中，并将 SFBT 的理念应用于他们在学校的多重角色中。

// SFBT 是适应性广的

SFBT 可以被融合到临床工作者使用的其他技术中，我们所共事的大多数经验丰富的心理老师将这种实践模式描述为“兼收并蓄的”。SFBT 作为一种成熟的实践模式，其优点之一就是能够与其他方法相结合，显然，SFBT 的要素与认知或行为治疗框架很匹配。即使对于那些倾向于探究过去是如何影响当事人当下功能的实践者来说，他们也会欣赏 SFBT 的某些方面，如当事人为自己设定进展目标并通过刻度化问句来衡量自己做得如何。

// SFBT 时程长短可根据当事人的需求来调整

关于 SFBT，我们常听到的一种抱怨是：它太表面化、太简短，无法进入“真正的工作”阶段。在 SFBT 的早期发展阶段可能确实如此，当时这种疗法被刻意定义为对长程治疗的颠覆；但现在，SFBT 显然很容易被运用于单次、短程和长程治疗进程。SFBT 的理念认为改变是可能的且会持续发生的，并不意味着那些有更长期治疗打算的当事人，如有个别化教育计划（individualized education plans, IEPs）、需要接受一年心理健康工作服务的学生，不能从 SFBT

所固有的基于优势的方法中受益。在实践中，我们看到一些学生在一年时间里接受了几个不同的 SFBT 长时程干预，帮助他们的这些过程是相似的，但所处理的问题发生了变化，因为学生们虽然学会了如何解决一个问题，但他们还会面临另一个新问题。

// SFBT 能提高从业者的跨文化能力

学校所有员工，包括心理老师，都意识到跨文化能力在帮助他们与来自不同背景的学生打交道和教学方面越来越重要。通过强调当事人自身如何看待他们的问题，以及他们如何制订符合自己喜好的解决之道，SFBT 很适合帮助心理老师以一种谦逊的文化姿态进行实践。此外，正如茵素·金·伯格（Insoo Kim Berg）等这些 SFBT 先驱者所示范的，SFBT 一直主张临床工作者应当采取一种更低的姿态，让当事人掌握自己的治疗，避免当事人感到临床工作者处于主导地位或是在逼迫自己。接受心理健康治疗的少数族裔，通常认为那些所谓“权威人士”或只执着于自己特定治疗方案的临床工作者没有文化敏感性（Fong, 2004; McGoldrick, Giordano, & Pearse, 1996; Wing Sue & McGoldrick, 2005）；而 SFBT 为学校心理老师提供了另一种让当事人参与治疗工作的方式，同时不会让他们觉得自己要被迫接受。为了进一步推广 SFBT 中这种文化谦逊的理念，伯格（Berg，2014）从多元文化视角给出了对当事人使用 SFBT 技术的多种方式。

// SFBT 适用于特殊的个别化教育计划目标

对于很多心理老师来说，他们的许多服务是提供给那些有年度治疗目标的学生，这些目标常常体现在个别化教育计划中。SFBT 与认知行为治疗一样，很适合帮助心理老师写下这些目标并与他们的当事人合作成功地实现这些目标。通过发现一个个不连续的改变以及应用刻度化问句，心理老师可以很容易地将 SFBT 思维整合到学生们的个别化教育计划中。到目前为止，这一领域尚没有实证研究报道，但从我们自己的学校实践经验得出的观点是，采用焦点解决方式与学生、教师和家长一起制定个别化教育计划目标这一过程本身，就促进了这些目标的最终实现，因为它激励了当事人朝解决之道迈进，而不是停留在只谈论问题。

SFBT 非常适用于学校心理健康工作实践和学校情境。一个焦点解决取向的心理老师可以帮助学生（尤其是那些不容易打交道的学生）关注什么是有效的，以及他们可以如何用积极的方式改变自己的生活。虽然 SFBT 并不是为在学校情境中应用而创立的，但它显然是一种适应性广泛、简单易行的实践哲学。正如我们将要看到的，它可以在多种干预水平上被运用在不同的学校情境中。

第 2 章

建构解决之道：SFBT 在学校中的实践逻辑

中文版导读

本章，焦点解决的实践者们全面介绍了 SFBT 在学校中的应用，更重要的是，说明了这些方式方法是如何起效的。

焦点解决是一种有别于“聚焦问题”的思维模式，它使我们将注意聚焦于学生过去是如何解决他们的问题的，或者如何应对这类问题使情况不至于变得更糟糕。进一步地，它更关注学生的优势和能力，从而帮助学生最高效地获得走出困扰的动力。为何要用这样的方式帮助学生？已有的研究证明增加积极期望（如希望感）和创造胜任感对当事人的转变至关重要。情绪拓建理论则提示积极情绪会引发灵活的、乐于求新求变的想法和行动。反之，被指责、被批评的消极感受会诱发僵化的、对抗的、更不容易接受新方式的认知，会加深学生的困境。正是在这种理念的影响下，焦点解决极力提倡在学生面对问题时，我们与之一起建构出更具成长性的认识，即学生的行为问题意味着他需要学习一些新方法和更有效的应对技能，从而增加积极情绪以更好地面对未来。

焦点解决谈话需要根据学生本人的目标和参考框架来确定不同的工作方向，这被称为“建构解决之道”。其中，谈话前的改变迹象、目标问句、例外问句、应对问句、关系问句、评量问句（也称刻度化问句）都是可供使用的技巧。其中，欣赏与有效的赞美、设定学生能够达到的目标至关重要，这反映了焦点解决理念在教育中的应用：相信才能看到。

焦点解决在学校中的推广和应用引发了深刻的教育理念变革，对当今学校普遍采用的问题导向的问责模式产生了很大的影响。如何找到一种适合中国国情的方法，并将学生、家庭和教师的优势以及焦点解决的理念带入学校是一项有意义的挑战。我们相信鉴于当前复杂的家校沟通情况、学生心理问题增多的大环境，焦点解决对个体主观能动性的激发作用将更容易显现。

文 / 骆宏

/ 历史

20 世纪 70 年代末，美国心理治疗行业的发展正处于顶峰。很多证据都可以说明这一点：心理健康服务已成为主流，自助书籍在畅销书排行榜上名列前茅，最重要的是经济发展保障心理健康服务获得了很高的健康保险支持（Cushman, 1995; Moskowitz, 2001; Wylie, 1994）。心理治疗的保险金额通常没有时间限制而且十分慷慨，这使得精神病学、心理学和心理健康服务工作领域的治疗师们能够获得丰厚的收入。回顾那个时候受欢迎的学术文献，可以发现当时有三个主要的心理治疗流派：心理动力学疗法、认知行为疗法和人本主义疗法（Norcross & Goldried, 2003）。人们只要知道哪里提供心理治疗服务，就可以得到相关服务，而且这些治疗通常是开放式的或长期的。

到了 20 世纪 90 年代初，情况发生了巨大的变化。虽然自助书籍仍然充斥着书店的书架，但心理治疗已经变成了一个被严格管控的行业。尽管许多需要心理治疗的人依然可以获得这种服务，但此时的心理治疗是有时间限制的，通常被限制在每年不超过 20 次。治疗师可以获得的报酬也有了上限，心理治疗行业"赚大钱"的黄金时代开始逐渐远去（Duncan, Hubble, & Miller, 1999; Lipchik, 1994; Wylie, 1994）。对于一个习惯于为病人看病 10 年以上的精神分析治疗师来说，这个新时代着实令人感到乏味。

然而，在这个时代，在美国的中心地带，在一个以香肠和啤酒而非以心理治疗创新而闻名的城市，心理治疗领域发生了一件重要的事。在威斯康星州的密尔沃基市（Milwaukee, Wisconsin），由茵素·金·伯格和史蒂夫·德·沙泽（Steven de Shazer）领导的一个治疗师团队，开始以完全不同的方式与当事人合作。他们只进行几次治疗，通常不超过 5 次或 6 次。他们所提出的问题较少聚焦于当事人的“问题”，而更多集中在当事人过去是如何解决他们所面临的问题的，焦点是使用过去的解决方案来处理现在和未来的问题。尽管在他们的工作中，也纳入了对当事人过去的失败体验、创伤经历和其他消极感受的觉知，但这些治疗师更注重当事人的实际优势和能力，以尽快克服这些困难问题（Berg, 1994; de Shazer, 1988）。与更流行的认知行为治疗相比，使用焦点解决模式需要一种不同的思维模式和独特的问话方式。

在 SFBT 中，当事人被视为自身问题和解决方案的“专家”。这种新的治疗模式不是将治疗师定位为咨询过程中的权威人物或专家，而是将治疗师置于好奇的提问者角色。治疗师也会提供建议，但不会像学校一些心理老师那样替当事人选择答案或解决之道，而是引导挖掘出当事人的优势，帮助他们寻求自己问题的解决方案。总的来说，密尔沃基市的这一治疗师团队假设当事人能够改变，将会改变，并且实际上已经在改变。这些治疗师创造了一种新的治疗模式，它是很多技术与活动的集合，该模式最终被称为焦点解决短期治疗（Berg, 1994; De Jong & Berg, 2002; de Shazer, 1988; MacDonald, 2007）。工具箱 2-1 展示了 SFBT 与认知行为治疗（CBT）之间的一些区别。

工具箱 2-1 SFBT 与 CBT 的区别

SFBT 心理健康工作者模式	CBT 心理健康工作者模式
• 做些什么可以成为你接近目标的一小步？	• 当问题发生时，你的感觉是怎样的？
• 在你的生活中，有哪些事情是进展顺利的？	• 在你的生活中，这个问题是何时出现的？
• 当这个问题不再存在时，你的行为将有什么不同？	• 当这个问题出现时，你有什么样的想法？
• 你怎么知道那样做是正确的？	• 当你有这样的行为时，别人的反应如何？

/ SFBT 关于改变的理论

虽然学习不同的 SFBT 技术对于学校心理老师来说很重要，但了解这些技术如何让学生发生改变，对掌握 SFBT 理念和方法也是非常有用的。在 SFBT 发展的早期，人们就注意到了积极情绪的重要作用，例如，沙泽（1985）阐述了增加积极期望（如希望感）的重要性，他指出，认为改变是可能的，对在 SFBT 进程中帮助当事人改变是至关重要的。伯格也经常讨论在当事人中培养希望感的重要性，她还描述了焦点解决谈话是如何创造胜任的感觉的，这种胜任感对于帮助当事人改变也是非常重要的（如 Berg & Dolan, 2001; De Jong & Berg, 2008）。尽管我们为理解 SFBT 的起效过程做出了很多努力，但对于 SFBT 中“改变发生的可能”的理论和治疗机制的了解仍处于起步阶段，涉及这些机制的实证研究有限，特别是关于积极情绪在 SFBT 的变化过程中可能发挥的作用的研究。

近些年来，随着积极心理学越来越流行，以及对于希望感等积极情绪的研究逐渐增多，我们有机会重新审视 SFBT 技术在咨询过程中是如何发挥作用的。积极情绪理论认为，积极情绪并不是没有消极情绪（如愤怒、悲伤、沮丧和无助）那么简单，也不仅仅是一种“好的体验”，它在临床实践中具有明确的治疗价值（Fitzpatrick & Stalikas, 2008a）。在临床工作实践中，大多数研究和讨论把积极情绪看作一种期望得到的结果（例如“我想再次快乐起来”），而忽视了积极情绪作为一种引发改变的工具的可能性（Fitzpatrick & Stalikas, 2008b）。我们认为，弗雷德里克森（Fredrickson，1998）提出的积极情绪的拓展—建构理论，也许为解释 SFBT 是如何起作用的提供了一些有说服力的证据，并可能在未来研究中被用于考查 SFBT 的起效和改变进程。

根据拓展—建构理论，积极情绪会引发广泛的、灵活的并且乐于求新的想法—行动，而消极情绪往往会诱发受限的、僵化的、更不容易接受新事物的想法—行动。该理论的拓展方面认为，当某人体验了积极感觉后，这个人就会更加开放、具有更强的接纳性。在 SFBT 实践文献中，研究者极力提倡要帮助学生观察例外情况、建构新的意义、做一些不同的事，拓展可能就是关键步骤（de Shazer, 1991）。除了拓展，这一理论还认为，积极情绪有利于建构持久资源，以供未来使用。那些经历抑郁或焦虑等心理问题的学生，通常会沉浸在关于自己或特定情境的消极想法和信念中，导致一些功能失调的行为，并进一步延续精神病理症状的螺旋式下降趋势（Garland, Fredrickson, Kring, Johnson, Meyer, & Penn, 2010）。有了积极情绪，则会出现相反的情况：螺旋式上升的积极情绪，帮助学生建构关于新想法、新观点和新选择的持续性资源（Fitzpatrick & Stalikas, 2008b）。为了抵消学生经历的消极情绪，就必须经历更多的积极情绪，研究表明，积极情绪与消极情绪的比例至少要达到 3∶1，才能帮助个体产生持续的积极变化，抵消消极情绪所产生的影响（Garland et al., 2010）。在积极心理学领域，增加积极情绪是一个相当新的治疗技术，现在仍处于发展过程中，然而，对于 SFBT 来说，增加当事人优势和积极情绪的技术并不新鲜，它们已经存在了很多年，并已被成功运用于多种实践情境中（Kim & Franklin, 2015）。回答焦点解决式的提问，需要学生思考他们的各种关系，并以不同的方式谈论他们的经验，从而将他们对问题的感知和消极情绪转化为对改变的积极构想。

/ 一些实用技巧

焦点解决短期治疗协会（Solution-Focused Brief Therapy Association，SFBTA）明确指出：焦点解决短期治疗不仅仅是一系列技术，更是一种临床思维模式和与当事人交流互动的方式（SFBTA, 2006, p.2）。SFBT 临床工作者视当事人身处于一个连续变化的过程中，因此准备好了利用当事人疗愈的自然方式，以及他们看待改变的既有方式（Tallman & Bohart, 1999）。2013 年 7 月，焦点解决短期治疗协会官方网站发布了第二版《焦点解决疗法个体干预手册》，以供临床工作者了解更多与 SFBT 有关的临床实践和研究。

/ SFBT 是如何脱颖而出的

SFBT 不仅仅是一连串必须严格遵循的技术，它其实已经超越了方法层面（SFBTA, 2006）。每个当事人都是独一无二的，因此每一个使用 SFBT 的专业人员，都要根据特定当事人的需求和发展水平，来调整他们的方法。这一点在学校环境中也许是最明显的，在学校里，当事人的年龄可以从 5 岁（幼儿园的孩子）到 65 岁（退伍老兵）。在此，我们重点讨论在初次晤谈中，SFBT 如何区别于其他治疗模式。通过一些例子，不仅可以说明如何“开始”SFBT 谈话，也可以说明如何根据当事人的目标与参考框架，来确定 SFBT 的不同工作方向。

SFBT 的重点在于构建未来解决方案的过程，而不是挖掘和剖析过去问题的表现。SFBT 实践者致力于识别过去的成功经验和问题的例外情况，以及未来如何找到全新的应对方式来解决问题（Franklin, Biever, Moore, Clemons, & Scamardo, 2001）。营造一个积极的焦点解决式谈话，通常被称为“建构解决之道”，这是 SFBT 的独特之处，目的是创造一个改变的环境，在这个环境中，希望感、胜任感和积极期待不断增加，当事人可以与治疗师共同构建关于问题的可行的解决方案。学校心理老师的任务是倾听学生诉说蕴含着解决方案的话语，并在此基础上加以建构（Berg & De Jong, 2008），心理老师始终应关注的重点，不是深入探讨问题本身，而是帮助学生不断明确问题消失后生活会是怎么样的，以及之后学生会做些什么不同的事（Kim, 2014），这就是 SFBT 与其他基于优势的干预方法（如动机式晤谈，motivational interviewing）之间的关键区别之一。科曼、贝勒斯和德荣（Korman, Bavelas, & De Jong, 2013）进行的一项微观分析发现，与动机式晤谈和认知行为治疗的咨询师相比，SFBT 咨询师保留当事人原话的比例更高，加入咨询师自己的解释的比例则更低。这项研究还显示了 SFBT 模式与其他类似方法（如动机式晤谈）的不同之处，SFBT 强调持续关注当事人之所欲，关注什么对他们来说是重要的，以及当事人如何才能实现他们所期望的理想自我（Bavelas et al., 2013）。

当心理老师与学生会面时，大多数晤谈是围绕着提问或问题解决讨论而展开的。以下是几类典型的提问：

- 关于学生所面临问题的提问
- 关于学生所犯错误的提问
- 关于学生问题成因的提问
- 关于问题给学生带来的感受的提问

正如上述提问所示，大多数咨询模式集中在问题上，很少谈及解决之道或学生期望的、与当前情况不同的内容。建构解决之道的思维模式与其他更多关注问题的模式（如认知行为疗法）有所不同，这些模式侧重帮助当事人识别错误的想法和信念，挑战这些消极思维模式，并代之以更理性的想法和信念。下面介绍的焦点解决技术，可以帮助学校心理老师完成治疗任务，并始终保持在 SFBT 模式。

/ 治疗前改变、例外问句和其他 SFBT 关键技术

SFBT 模式的一个独特之处在于，从安排第一次治疗那一刻起，焦点解决取向的学校心理老师就将他们的注意力投入已开始产生的变化中，这就是所谓的“治疗前改变”，它不仅能使焦点解决取向的心理老师展示其 SFBT 理念，即改变是一种自然和持续的存在，这种信念还可以成为当事人希望感和力量感的源泉，因为他们正在努力改变这样的想法：我的问题极其严重，恐怕需要治疗好几年（Berg, 1994; De Jong & Berg, 2001; Murphy, 1996; Selekman, 2005）。为了做到这一点，焦点解决取向的学校心理老师在第一次咨询中就会提出这样的问题：“在我们上次电话沟通安排了这次咨询之后，你和你儿子

在家里的相处方式有什么好转吗？”或者“自从 * 老师让我来见你，你在她课堂上的行为方式有什么积极变化吗？”在当事人说出的任何改变的基础上，焦点解决取向的心理老师会继续扩大这些积极变化，并询问当事人对于未来继续保持这种变化有什么好的想法。工具箱 2-2 展示了 SFBT 中经常使用的问句。

工具箱 2-2 SFBT 的典型问句

应对问句

- 鉴于你已经尝试了所有方法，你是如何做到坚持不放弃的呢？
- 到目前为止，你是如何应对的？
- 是什么让你坚持到现在？
- 在你的生活中，有哪些事情是顺利的？

寻求解决方案

- 当事情变得不一样时，你会注意到哪些小变化？
- 如果我们的谈话产生了很大的影响，你会如何知道呢？
- 这周对你来说有什么变好了？
- 什么时候你没有这个问题或者这个问题没那么严重？

关系问句

- 当事情发生变化后，你的老师会注意到你的哪些行为？
- 你的父母如何知道你处于最佳状态？你会做些什么来让他们知道？
- 当事情有所好转后，你的老师会注意到你的哪些方面？

前进一小步

- 除了逃课去抽烟，你还能做些什么？
- 你不再沮丧的一个小信号是什么？
- 当你变得不同时，你会注意到什么？当你变得不同时，别人会注意到什么？
- 这周你怎样能做得更多？

在SFBT对话过程中充满着希望和期待的语气，在这里，学生和家长们感受到被欢迎，并有机会描述他们在治疗开始之前就已经发生的改变。在实践中，我们已经看到这种模式与学生产生了共鸣。这些学生过去习惯于心理健康专家在第一次治疗时就详细询问他们的历史，试图探寻问题行为背后的原因。焦点解决模式将治疗背景直接设定在当下，并要求当事人想象一个全新的、理想的未来，许多学生接纳这种模式并将它融入自己的目标中。我们还发现，学生更愿意谈论他们做得好的事情或他们喜欢的事情，而不是谈论他们的问题，尤其当学生发怵去见心理老师时，这一点特别有用，同时这也有助于快速建立咨访关系。而在对少数族裔学生进行咨询时，这一点也尤为重要，因为这可以让心理老师以一种谦逊的文化姿态进行实践。

当SFBT临床工作者第一次与他们的当事人进行晤谈时，这种模式的优势就可以立即显现出来。在与学生的最初接触中，传统的治疗方法更致力于使用医学模型来评估学生的病理症状，与之相比，采用焦点解决的心理老师倾向于关注学生的不同方面。心理老师提出的问句往往聚焦于学生如何看待他们目前的问题，而很少花时间讨论可能导致问题发生的深层原因或家族史；此外，从第一次会面开始，他们就会鼓励学生从现在和未来的角度谈论其状况，并期待学生当前对自己问题的掌控感比过去他们认为的更强。传统治疗模式在第一次会面时，心理老师和学生会花费大量精力和努力来描述问题本身及其对学生产生的所有影响。与此相反，焦点解决心理老师倾向于要求学生说一说他们自己已经采取了哪些措施来解决当前问题，如果学生不能说出任何有效方法，那么就让他们描述什么时候或什么情境下问题不再出现或至少没那么严重。

SFBT 还会鼓励学生思考他们所期望的未来自我，即使在第一次晤谈中心理老师也会这么做。这可以通过一些提问来实现，这些提问将治疗导向未来的希望，以及当问题不再出现时将会有什么不同，更具体地说，通过向学生提出“奇迹问句”或“刻度化问句”，学生被邀请想象他们可能会实现的未来情境。对于“奇迹问句”，心理老师要求学生想象某一天晚上睡觉时，发生了一个奇迹，醒来后自己的问题得到了解决，他们感觉更好，对接下来的一天也更有希望，焦点解决心理老师会接着问：“在这种情况下，你首先会注意到什么，让你知道奇迹已经发生了？”上述提问开启了一种可能，即学生们能看到他们生活中发生的变化，并明确想要实现更多改变的第一步（Berg, 1994）。“刻度化问句”可以被应用于多种主题，让当事人在 1 到 5 的量尺上评价他们处理自己问题的能力，1 代表“完全不能处理我的问题”，5 代表“完全有能力处理我的问题”，假设学生对这一提问的评分为 2 分，焦点解决心理老师可以询问：“如果下周见面时你能给出 3 分或 4 分，那么可以做些什么事来实现这一提升？”通过刻度化，可以让学生想象需要做些什么来提高或降低（取决于刻度的具体设定）自己的分数，并且说出一些与想要达到的目标一致的、已经做了的例外情况。

同样，使用“例外问句”可以帮助学生务实地利用过去。通过描述问题在什么时候没有影响学生，或者学生在什么时候更有能力成功处理类似状况，焦点解决心理老师鼓励学生不要将他们当前的状况视为无法摆脱和令人无助，他们还会鼓励学生想象这种“例外”可以很容易地成为未来的现实，正如一个学生告诉我们的那样：“既然我意识到了这个困难我以前战胜过，为什么我不能再做到呢？”

/ 后续咨询以及目标设定

像许多治疗模式一样，SFBT 会在学生和心理老师之间进行目标设定，SFBT 的不同之处在于设定目标时的权力分享。在治疗过程中，焦点解决心理老师不会期望学生直面他们否定的事物，也不会要求学生接受治疗师所提倡的现实，相反，学生的现状始终是最重要的（当在学校环境中对教师转介来的学生进行治疗时，这一点会产生一些有趣的对比甚至是冲突，我们将在第 5 章更详细地讨论这个问题），学生们可以根据自己的意愿来选择改变的多少，SFBT 进程给了他们自由来设定自己可以实现的目标。在某些方面，这种目标设定过程对应了认知行为疗法心理老师所做的一些工作，他们会根据当事人具体的问题性思维或行为设定治疗目标。SFBT 和认知行为疗法在这里的区别是，SFBT 不要求学生对自己的行为采取特定的改变方法，也不要求他们就认知如何影响情绪采用新的思考方式。在认知行为疗法中，心理老师通常会布置任务，并提出行为或想法改变的建议，而 SFBT 则鼓励学生多做自己曾经做过的例外行为，以努力实现他们所期待的未来自我（Bavelas et al., 2013）。

/ 给予有用的赞美

当我们观看 SFBT 临床工作者进行治疗实践的录像时，会被他们在治疗中经常对当事人进行赞美的行为所震撼（Berg, 1994）。因为在 SFBT 中，治疗师会花费很多精力去评估学生的心理韧性，并根据学生过去表现出的优势来设定目标，所以学生开始主动报告在治疗期间他们在解决自己问题方面取得的小进展就不难理解了。焦点解决心理老师不会因为帮助学生做出改变而扬扬得意，也不会因为治疗没有很快取得进展而感到沮丧，他们会及时强调学生的收获，并对学生的进步给予赞美。

这些赞美并不意味着居高临下对学生进行肯定。好的焦点解决心理老师知道如何对学生的进步表达真诚的自豪和喜悦，他们通常会这样说："太棒了！和我说说你是怎么做到的？"或是"我太佩服你了！你想出了什么办法帮助你如此成功地处理了你的问题？"学生接收到这种反馈，会有动力做出更多改变，这些改变可能是针对同样的问题，也可能是针对焦点解决心理老师还没有意识到的其他问题（De Jong & Berg, 2002; Metcalf, 1995; Selekman, 2005）。

/ 应对问句

长期以来，人们对 SFBT 的一个批评是，它过于乐观了，以致当事人在治疗过程中不能有深刻的情绪体验（Lipchik, 1994; Nylund & Corsiglia, 1994），SFBT 的创始人承认了这种批判（Miller & de Shazer，2000），但在某种程度上，我们认为该批判是稻草人辩论[①]。如果当事人在治疗过程中有强烈的、不安的情绪体验，焦点解决心理老师当然会鼓励当事人表达自己的感受——去哭、去喊、去表达他们需要表达的情感；SFBT 不去做的是，在治疗中对当事人强烈的情绪体验抱有任何固有的价值判断。这一点往往让刚接触焦点解决模式的人感到困惑（Berg & Dolan, 2001; De Jong & Berg, 2001），因为 SFBT 假定学生能够解决他们自己的问题（通常确实如此），焦点解决取向的心理老师在咨询过程中并不会特别注重引导学生进行情感宣泄。SFBT 特别注重提问，这些提问可以帮助心理老师了解学生想谈些什么，以及学生想以什么样的速度来探索如何改变他们的处境。纵观我们二十多年的焦点解决学校工作经历，我们目睹了许多学生在 SFBT 过程中带着强烈的情感分享他们的希望和目标；我们也看到许多学生以平静的、有时甚至有点玩笑式的方式接受了这种治疗模式，在治疗中不时发出笑声并产生了自发的改变。SFBT 的重点从来不在情绪的强烈程度上，或是询问当事人他们对某件事情的感受；相反，SFBT

① 稻草人辩论（straw-man argument），指反对者或辩论者用一个错误的论题代替真正的论题，并将其驳倒，但真正的论题并没有被涉及或驳倒。——译者注

一直在帮助学生建构出他们自己的解决方案（Berg, 1994; Miller & de Shazer, 2000）。最近SFBT研究的重点是，如何使当事人产生积极情绪，从而帮助他们发生改变（在后面SFBT关于改变的理论中将有更多讨论）。

能够体现SFBT模式对学生长期存在的、看似令人感到无力的问题起作用的最具体方法是SFBT的应对问句。在学生报告遇到重大困难或者对情况没有好转而感到沮丧时，焦点解决心理老师经常使用这些问句，比如:“这种情况听起来真是很艰难，你是如何做到像现在这样好地，应对它的呢？”提出类似于这样的问句，是为了发掘出学生的优势和他们过去可能用来应对困难的策略（Berg, 1994; Selekman, 2005）。当学生抱怨他们当前的困境似乎不可能解决时，我们经常使用的另一个应对问句是:“你是如何做到让这种情况没有继续恶化的呢？”通过将“不可能”的情境建构为学生有一些控制感的情况，焦点解决心理老师可以探索学生有哪些隐藏的能力来处理或克服这些困难。

/ 做点儿不一样的

在学校环境中开展SFBT，一个有趣的方面是可以利用学生愿意“做点儿不一样的”来解决他们问题的心理，尝试新的想法和干预措施。焦点解决心理老师不会试图教给学生处理他们问题的具体技巧（例如那些与愤怒或社交困难有关的问题），而会探讨学生过去面对他们的问题时做了些什么，以及现在可以尝试哪些新的想法。例如，我们曾经遇到过一个11岁的学生，他试图在课堂上控制自己的脾气，但发现特教老师教给他的传统认知行为愤怒管理方法没有什么效果，他告诉我们，他已经没有办法了，因为他以前尝试过的所有手段都不管用，我们告诉他，也许现在是时候“做点儿不一样的”，他立刻对这一想法产生了兴趣，并且开始头脑风暴，努力想出新办法来解决他的愤怒问题。不得不承认，作为一名青少年，他的某些想法确实有点不着边际，例如，他说可以通过整天在平板电脑上玩游戏来抑制想要咆哮的冲动，实际上不可能有老师会同意他这么做。然而，在对他的想法进行筛选后，我们确定了一个创造性的解决方案，他很想实施这个方案，并且我们认为他的老师也会支持这个方案：他将与老师共同制定一份“辅助任务”清单，只要他认为自己快要发脾气时，就可以做这份清单上的任务，这样，老师能在课堂上得到一些协助，他则可以把注意力从沮丧情绪中转移出来，并被重新赋能。

/ 当事人阻抗？我们不这么认为

在与学生一起工作时，诸如应对问句、做点儿不一样的、头脑风暴或是例外问句等这些概念的好处是，它们使焦点解决取向的心理老师能够快速地避免学生在解决问题时所产生的阻抗。事实上，关于“阻抗”这个概念在 SFBT 相关文献中有过很多激烈的讨论（Berg, 1994; de Shazer, 1988; O'Hanlon & Bertolino, 1998），大多数 SFBT 研究者认为，阻抗更多是由于焦点解决专业人员无法与学生产生共鸣而产生的，并不是学生在面对问题时真正想要拒绝。以尊重和耐心的方式接近学生，我们发现 SFBT 理念不仅可以让我们在学校环境中为大多数学生找到一些有用的目标，而且避免了给学生贴上“拒绝他们问题”的标签。

/ SFBT 教什么，不教什么

在某些圈子里，阻碍 SFBT 的部分原因是，人们认为它不“教”学生任何新的东西。其实，SFBT 实践者经常将这种具体技巧训练的相对缺乏视为该模式的另一种优势——它不会将干预局限在心理老师所使用的具体技术上。让人们做他们已经知道如何做的事，通常会更加容易（Berg, 1994; De Jong & Berg, 2002; Selekman, 2005）。SFBT 努力帮助学生确认那些他们已经拥有的优势和技能，以解决他们的问题，接着让他们自由地去“做更多有效的事”（Berg, 1994;

Newsome, 2004)。

在学校里应用 SFBT 的另一大挑战是，一些教育工作者秉持着这样一种职业理念，他们认为自己是来指导学生如何“行动”的。有这种使命感的教育工作者，可能会对 SFBT 的理念感到不适应，因为 SFBT 的理念是，从学生当前所处的实际位置出发，在此基础上进行工作，而不是示范一种更好的行为或思考方式。正如我们之前所述，SFBT 的优点在于它并不否定需要干预的当前问题（如学生有叛逆行为或拒绝学习），只不过它在对待这些问题的态度上与传统学校心理健康工作实践有所不同，后者通常强调成年人的权威而不是学生的自主性。

一些教育工作者可能会认为 SFBT 的理念过于乐观，对学生太“随便”。SFBT 的确向当事人传递了一种乐观和面向未来的观念，但我们相信这种模式有其价值。在学校实践中，我们一次又一次地看到，对于那些习惯从更加宿命论和悲观主义角度看待自己问题的学生，SFBT 是如何激发新想法的，这个过程可能涉及向学生传授新想法，所以 SFBT 绝不限制心理老师利用权威和技巧与学生建立关系并帮助他们。进一步讲，我们经常注意到，对于那些不确定如何回应治疗以及对心理老师感到焦虑的学生，用焦点解决问句对话的过程会给他们带来不一样的体验。SFBT 试图以好奇和充满希望的姿态开始，缓和那些潜在的困难情况，并将关注点转移到解决学生面临的问题上。

最后，作为一种完全以学生为中心的治疗模式，SFBT 对学生生活中已经在进行的、在学生看来有用的干预措施都秉持开放的姿态。例如，我们接待过一位学生，第一次见到她时，她就已经在服用抗焦虑药物了，我们进行焦点解决干预的一部分工作就是帮助她进一步建构她看到的服药的好处。通过这种方式，学生和心理老师可以合作，将其他重视学生目标设定并以此为工作方向的治疗模式（如心理健康教育或精神药物治疗）与 SFBT 结合起来使用。正如第 1 章所讨论的，SFBT 在学校环境中的易操作性和广适应性，是我们在过去二十多年应用这种模式的过程中看到的主要优势之一。

/ 一些应用

后面的“SFBT 实务”章节提供了更多具体的案例，说明了如何使用 SFBT 来处理学校心理老师最常遇到的三种类型问题。在本章中，我们会介绍富兰克林和斯特里特（Franklin & Streeter，2004）开发的焦点解决讲义，这份讲义通过 SFBT 技术帮助学生设定目标（见工具箱 2-3）；以及加纳（Garner，2004）开发的量表，该量表可以帮助从业人员评估他们的学校对于接纳 SFBT 理念的准备程度（见工具箱 2-4）。

工具箱 2-3 衡量你的成功

姓名 ________ 日期 ________

你上学期的目标是什么？有哪些完全实现的目标？

谈到实现目标，有哪些事情阻碍了你实现目标？

从你列出的阻碍中选择一个，并制订一个计划来克服它。

阻碍	我能做什么	有哪些可用的资源

回顾你的目标后，用一个 1 分到 10 分的量尺来评估你的进展，1 分代表毫无进展，10 分代表目标已经完全实现了。

这样的评估可以让你在一个连续体上看到自己的进展。在选择一个数字代表你的进展之前，请考虑以下标准：

- 出勤情况
- 完成任务的数量
- 完成任务的质量

圈出代表你进展的分数

1 2 3 4 5 6 7 8 9 10

下学期你将制定哪三个目标？

1.

2.

3.

当上述你为自己制定的所有目标都实现时，试着描述一下你将看到什么、听到什么、感受到什么。

Source: Franklin and Streeter （2004）.

工具箱 2-4 发展建构解决学校的规划练习

建构解决学校的特征

在 1 分到 10 分的量尺上评估你的学校，1 分代表该特征并不存在，10 分代表学校完全具有该特征。

教职工重视与学生建立良好关系

1 2 3 4 5 6 7 8 9 10

关注学生的个体优势

1 2 3 4 5 6 7 8 9 10

重视学生的选择与个人责任

1 2 3 4 5 6 7 8 9 10

对成就和努力工作的整体热情

1　2　3　4　5　6　7　8　9　10

信任学生的自我评价

1　2　3　4　5　6　7　8　9　10

关注学生的未来成就而不是过去的困境

1　2　3　4　5　6　7　8　9　10

对迈向成功的每一小步都欢欣鼓舞

1　2　3　4　5　6　7　8　9　10

重视所有目标设定活动

1　2　3　4　5　6　7　8　9　10

Source: Garner（2004）.

/ 一些研究

在第 3 章，我们将分享自本书第一版问世以来，在学校和其他心理健康诊疗环境中获得的更多关于 SFBT 有效性的信息。我们使用元分析方法对现有的 SFBT 干预研究进行了分析，发现这种治疗模式对学校环境中的典型行为问题具有小到中等的治疗效应。相比于其他心理治疗模式对相同学生行为问题的干预效应，SFBT 的效应略低一点（Kim, 2008）。

正如我们将在下一章提到的，为了保证本书的透明性和严谨性，我们不仅会强调 SFBT 的有效性，也会注意不过分夸大，不会说 SFBT 作为一种技术优于其他所有治疗模式。在某种程度上，也许最好将 SFBT 视为一种可以在学生中应用的重要技术，因为它有助于和学生开展基于自身优势的对话，而许多其他治疗技术则更多地立足于医学或缺陷模型（虽然研究表明这些技术具有很高的有效性）。当前还有待进一步研究的问题是，与那些根植于特殊教育缺陷模式、社会技能 / 心理教育模式的治疗手段相比，类似于 SFBT 这样基于优势的治疗模式能否给学生带来更好的干预结果。

/ 未来展望

学校环境和 SFBT 模式在某些方面能做到自然契合。学校的心理老师往往面临着庞大的个案群体，他们不得不在有限的工作时间内服务所有需要帮助的学生，而 SFBT 强调快速投入和助力学生改变，这可以帮助心理老师接待更多学生，并迅速为这些学生带来改变。对于医疗援助和特殊教育来说，SFBT 的目标设定过程（包括刻度化问句以及要求教师观察学生正在努力改善的行为）可以很容易地被改编为结果导向的教育文档，以帮助心理老师记录干预的有效性（Lever, Anthony, Stephan, Moore, Harrison, & Weist, 2006）。

然而，如何将学生、家人和教师的优势用焦点解决的理念带入各种学校环境（如特殊教育员工配置、违纪处理会议或教师咨询）是一项重大挑战，有时候甚至令人气馁。这一点在当前更是如此，因为现在教育工作者越来越倾向于用《精神疾病诊断与统计手册》(Diagnostic and Statistical Manual of Mental Disorders，DSM）中的特殊教育分类和精神病理性描述语言与学生进行"问题谈话"。为了进一步帮助伯格和沙泽推进其三十年前所设想的工作，更多的学校 SFBT 研究以及 SFBT 研究者和学校实践者之间的合作是非常必要的。

SFBT 这种治疗模式现在已经被传播到世界各地，对过去两代实践者产生了很大影响。对于当今学校普遍采用的缺陷导向的诊断和治疗模式来说，SFBT 是一个受欢迎的备选方案，它的主要理念是：当事人的优势非常重要，当事人的变化会持续发生，可以信任当事人制定他们自己问题的解决方案。学校中焦点解决取向的心理老师可以使用诸如奇迹问句、应对问句和刻度化问句等技术，确定当事人的目标和优势，从而帮助他们做出改变。

第 3 章

SFBT 与循证实践：短期的焦点，长期的信任

中文版导读

虽然焦点解决短期治疗得到了推广和普及，但它到底有无真正的实效，日益成为学习焦点解决技术的专业人员所关注的问题，这也是大众所关注的，即当我们理所应当地用一种心理干预技术助人的时候，它有支持性证据吗?

所幸，焦点解决短期治疗从创立之初，就是受益于“试验精神”而在大量的实践经验总结中逐步形成的。目前几项个案研究发现，6 次或更少的治疗就可以产生大效应量的效果，这些研究是在真实的校园环境中进行的，更具说服力。

在这样一个强调有效性和循证实践的时代，SFBT 的有效性对于心理健康工作者来说是非常重要的。本章总结了 SFBT 模型的支持性研究，并介绍了 SFBT 与其他干预模型的对比研究，特别强调了对 SFBT 的一个元分析，以及对在学校环境中进行的 SFBT 研究的综述。

对 SFBT 的研究正在稳步发展，该治疗模式已经被视为是基于循证研究的。现有的研究一致表明，SFBT 是一种有前景的治疗方法，对学校环境中的学生很有用。当然，任何一个心理咨询流派都需要保持一种开放的态度，通过彼此借鉴、互相促进来实现更大的目标。

文 / 骆宏

SFBT 已成为心理健康工作实践中一种流行的治疗模式，特别是在学校环境中。这种模式对心理健康工作者的吸引力，部分缘于其基于优势的特点。德荣和米勒（De Jong & Miller，1995）指出，心理健康工作的历史根植于优势视角原则，但缺乏将基于优势的实践付诸行动的具体工具和技术。在萨利比（Saleebey，1992）对基于优势的假设和原则的总结的基础上，德荣和米勒（1995）认为，SFBT 可以通过提供具有类似的哲学假设的特定干预技能和改变技术，来推进心理健康工作者使用基于优势原则的传统。

很多领域尤其是心理健康工作领域的实践者已经很好地接受了 SFBT，因为它实施起来相对容易，并且对不同的实践环境具有很好的灵活性。然而，在这样一个强调有效性和循证实践的时代，SFBT 的有效性对于心理健康工作者来说是非常重要的。本章总结了 SFBT 模型的支持性研究，并介绍了 SFBT 与其他干预模型的对比研究，特别强调了对 SFBT 的一个元分析，以及对在学校环境中进行的 SFBT 研究的一篇综述。

尽管 SFBT 在心理健康工作者中很受欢迎，但与其日益流行的程度相比，对其有效性的研究仍然非常有限（Gingerich & Eisengart, 2000; Triantafillou, 1997; Zimmerman, Prest, & Wetzel, 1997），这不仅给已经接受 SFBT 模式的心理健康工作者，也给将 SFBT 作为教学内容的学校带来了一系列问题。值得庆幸的是，相关研究正在不断证明 SFBT 是一种有效的干预方式，并且对这一模式的研究每年都在增长。

/ 早期研究

最早的关于 SFBT 有效性的两项研究，是由短期家庭治疗中心（Brief

Family Therapy Center，BFTC）的团队完成的。德荣和霍普伍德（De Jong & Hopwood，1996）回顾了由基泽（Kiser，1988）进行的第一项研究，该研究做了后续的跟踪调查（分别在治疗终止后的 6 个月、12 个月和 18 个月进行），以确定当事人是否达成了他们的目标或认为他们已经取得了明显的进展。结果表明，干预的成功率为 80%，其中 65.6% 的人认为达成了他们的目标，14.7% 的人认为他们正在取得显著的进展。在为期 18 个月的随访中，联系到的当事人中 86% 认为干预是成功的。这些结果初步表明，SFBT 是一种有效的方法。

第二项研究是由德荣和霍普伍德（1996）开展的，包括了 1992 年 11 月至 1993 年 8 月期间在 BFTC 就诊的 275 名来访者。与基泽（1988）的研究类似，研究者在治疗后的 7 个月至 9 个月会对当事人进行随访，询问他们是否达成了目标。这项研究结果表明，在 136 名联系到的受访者中，45% 的人报告达成了他们的目标，32% 的人报告在达成目标方面取得了一些进展，23% 的人报告没有进展。在会谈过程中，根据治疗师的会谈记录，研究者统计了 141 位当事人的反应，结果显示，25% 的人报告有显著进展，49% 的人报告有中等程度的进展，26% 的人报告没有进展。这项研究的局限性与基泽（1988）的研究相似，缺乏多样化、标准化的测量。然而，尽管这两项早期研究缺乏严谨的设计，但最初的成功和积极的结果还是令人印象深刻的，它们促使研究者对这一有前途的干预模式进行更深入的研究。

/ 系统综述

金格里奇和艾森加特（Gingerich & Eisengart，2000）首次对截止 1999 年的 15 项 SFBT 对照研究结果进行了系统定性综述。这些研究使用了对照组设计或单个个案的重复测量设计，来评估当事人的行为或能力。根据实验控制的程度，他们将这些研究分为三类，其中 5 项研究符合良好控制标准，4 项研究符合中度控制标准，6 项研究属于控制较差的类型。

之后，金格里奇和彼得森（Gingerich & Peterson，2013）更新了之前的系统综述（Gingerich & Eisengart, 2000），考查了 43 项关于 SFBT 的对照研究。这些研究分为六个不同的类别：儿童学业和行为问题、成人心理健康、婚姻和家庭、职业康复、健康和老龄化、犯罪和青少年不良行为。结果显示，74% 的研究报告了 SFBT 干预对当事人具有显著的积极效应。学校心理健康工作者特别感兴趣的是其中 14 项关于儿童学业和行为问题的研究。表 3-1 提供了对这些研究的详细描述。

在该亚组的 14 项研究中，有 11 项是在学校环境中进行的，主要是在美国。总体而言，其中的 12 项研究显示，干预后 SFBT 组在所有或大部分结果上有所改善；只有 2 项研究（Cook, 1998; Leggett, 2004）SFBT 组经干预后在所有或大部分结果上没有发现显著变化。在对 SFBT 组与对照组进行比较时，其中 3 项研究（Cepukiene & Pakrosnis, 2011; Franklin, Moore, & Hopson, 2008; Froeschle, Smith, & Ricard, 2007）显示在所有或大多数结果上存在统计学上的显著差异；另外 3 项研究（Daki & Savage, 2010; Newsome, 2004; Springer, Lynch, & Rubin, 2000）显示，SFBT 组在所有或大部分结果上发生了期待的变化；6 项研究（Cook,1998; Corcoran, 2006; Kvarme, 2010; Leggett, 2004; Littrell, Malia, &Vanderwood, 1995; Wilmshurst, 2002）报告 SFBT 组和对照组在所有或大部分结果上不存在显著差异；有 2 项研究（Fearrington, McCallum，& Skinner, 2011; Yarbrough, 2004）因为采用单组设计，没有对照组，因此没有报告组间比较结果。总而言之，这些研究证明了 SFBT 应用的多样性，以及在儿童和青少年中使用 SFBT 时的积极效果。

表 3-1　儿童学业和行为问题相关研究（Gingerich & Peterson, 2013）

研究	环境	样本量	咨询时程和形式	结果测量	SFBT 前测—后测	组间对比
Cepukiene & Pakrosnis（2011）	寄养家庭（立陶宛）	46	1 ～ 5 次，个体咨询	行为问题	+*	+*
				躯体 / 认知问题	+	+
Cook (1998)	学校	68	6 次，课堂 30 分钟	自我概念	0	0
Corcoran (2006)	大学诊所	85	4 ～ 6 次，家庭咨询	行为问题（Conners 家长评定量表）	+	0
				行为问题（儿童感觉、态度和行为量表）	0	0
Daki & Savage（2010）	学习中心（加拿大）	14	5 次，40 分钟个体咨询	学业成绩	+	0
				阅读流畅性	+	+
				阅读动机	+	+
				阅读活动量表	+	0
				自尊	+	+
				行为障碍	+	+
Fearrington, McCallum, & Skinner (2011)	市中心学校	6	5 次，30 分钟个体咨询	作业完成率	+	n/a
				作业准确性	+	

续表

研究	环境	样本量	咨询时程和形式	结果测量	SFBT 前测—后测	组间对比
Franklin, Moore, & Hopson (2008)	学校	53	5～7次，45分钟个体咨询	教师报告的学生行为，外化	+	+*
				教师报告的学生行为，内化	+	+*
				学生行为自我报告，外化	+	+*
				学生行为自我报告，内化	+	0
Froeschle, Smith, & Ricard (2007)	学校	65	16次，1小时团体	药物使用	+	+*
				态度	+	+*
				自我概念	+	0
				社会能力	+	+*
				社会行为	+	+*
				药物知识	+	+*
Kvarme et al. (2010)	学校（挪威）	144	5次，1小时团体	一般自我效能感	+*	0
				特殊自我效能感	+	+
				自信的自我效能感	+*	0
Leggett (2004)	学校	67	11次，课堂1小时	自尊	+	+
				希望	0	0
				教室环境	0	0

续表

研究	环境	样本量	咨询时程和形式	结果测量	SFBT 前测—后测	组间对比
Littrell, Malia, & Vanderwood (1995)	学校	54	1 次，20 ~ 50 分钟个体咨询	减轻顾虑	$+^*$	0
				目标实现	$+^*$	0
				感觉强度	$+^*$	0
Newsome (2004)	学校	52	8 次，30 分钟团体	平均绩点	$+^*$	+
				出勤率	+	+
Springer, Lynch, & Rubin (2000)	学校	10	6 次，团体	自尊	$+^*$	+
Wilmshurst (2002)	社区项目（加拿大）	65	12 周，5 天社区项目	情绪 / 行为障碍，外化	$+^*$	≈
				情绪 / 行为障碍，内化	0	$+^*$
				社会能力	$+^*$	≈
				行为问题	$+^*$	≈
Yarbrough (2004)	学校	6	5 次，30 分钟个体咨询	作业完成度	+	n/a
				作业正确率	+	

注意：0 = 无差异；+ = 期望方向的正趋势；$+^*$ = 统计显著的正向变化；≈ = 近似相等；n/a= 不适用。

/ 元分析

自金格里奇和艾森加特（2000）的综述以后，更多的研究考查了SFBT的有效性。为了进一步推进SFBT的研究，并为从业者提供最新的数据，金（2008）进行了一项元分析。元分析是一种量化的综述方法，可以帮助研究者综合现有研究，并通过重新分析来确定总体结果（见工具箱3-1）。效应量的统计通常被用于报告综述的结果，通过计算效应量的大小，研究者将原始研究中的测量值转换为干预效果或变量之间关系的通用测量，在计算结果时，可以分为小（0.30）、中（0.50）和大（0.80）三种效应等级。心理健康领域的大多数实践研究，在评估干预措施的效果时通常会发现其效应量较小（Kim, 2008）。

工具箱3-1 元分析

元分析整合一系列具有相似结果结构的研究的结果，以确定干预效果的大小（Glass, 1976）。元分析不是依赖于经验，而是综合来自大量研究的定量结果，计算效应量的大小，从而测量关系的强度和方向，效应量越大，干预效果越强；还可以计算置信区间，以评估效应量大小估计的精确度。此外，在不同研究中还可以发现效应量的异质性，而考查预测变量可以帮助解释这种变异性（Hall,Tickle-Degnen, Rosenthal, & Mosteller,1994）。自20世纪80年代以来，元分析这种统计方法已被广泛用于验证心理健康工作者开发或评估某些实践方法的有效性（Reid, 2002）。SFBT元分析是这一进程的一部分，它可以通过汇总具有多种结果的研究，系统地评估这种方法的有效性（Corcoran, Miller, & Bultman, 1997）。

金（2008）综合分析了关于SFBT的研究结果，以确定这种方法整体上的有效性，从而提供更多的实证证据。由于这些研究在研究设计、研究人群和研究发现等方面均存在差异，因此使用元分析综合研究是探究 SFBT 有效性的好方法。通过计算效应量大小，金（2008）的元分析超越了前面讨论的两篇系统综述（Gingerich & Eisengart, 2000; Gingerich & Peterson, 2013），他通过使用原始研究中得到的平均数和标准差来评估 SFBT 的整体干预效果。

金（2008）的元分析主要研究的问题是 SFBT 对外化行为问题（如攻击问题或行为问题）、内化行为问题（如抑郁或自尊问题）以及家庭或关系问题的有效性，这些是 SFBT 研究中最常见的结果变量，也是心理健康工作者最感兴趣的。通过文献检索，该元分析纳入了符合标准的 22 项研究，然后根据每项研究针对的问题，将这 22 项研究分为三类（即外化行为问题、内化行为问题和家庭/关系问题）。每个类别有 8～12 项研究，其中 5 项研究（Franklin, Moore, & Hopson, 2008; Huang, 2001; Marinaccio, 2001; Seagram, 1997; Triantafillou, 2002）被分到了一个以上的类别，因为它们涉及多个方面的问题。

金（2008）发现，SFBT 在结果指标上表现出了虽然较小但积极的干预效应。总体加权平均效应量的估计值，外化行为问题为 0.13，内化行为问题为 0.26，家庭或关系问题为 0.26。只有内化行为问题的效应量在 $p<0.05$ 水平上具有统计学上的显著意义，表明 SFBT 组的干预结果与对照组的干预结果之间存在显著差异。

在金（2008）的元分析中，计算得到的较小效应量仅略小于类似的社会科学研究中得到的效应量。如表 3-2 所示，SFBT 的效应量大小与那些在真实情境中进行的其他心理治疗和心理健康工作的元分析中的效应量大小是相当的。

表 3-2 元分析结果比较

研究	治疗干预	群体	结果测量	效应量
Kim (2008)	SFBT	各种	外化问题	0.13
			内化问题	0.26
			家庭或关系问题	0.26
Weisz, McCarty,& Valeri (2006)	心理治疗（整体）	青少年	抑郁	0.34
	心理治疗（真实的临床环境）			0.24
Babcock, Green,& Robie (2004)	家庭暴力治疗	家庭中的暴力男性	警方报告	0.18
			同伴报告	0.18
Gorey (1996)	一般心理健康工作实践	各种	各种	0.36

金（2008）的元分析没有发现研究人员希望在结果中看到的 SFBT 的中等和较大的效应量，但如前所述，在评估社会环境中的应用研究时，效应量想要超过小效应量的范围是不常见的，SFBT 的研究也是如此。实际上，在 SFBT 元分析中计算得到的较小的效应量仅略小于其他心理治疗所得到的效应量。例如，当包含了学位论文并使用比该主题之前的元分析更严格的效应量计算时，心理治疗对青少年抑郁症的平均总体效应量为中等大小 0.34，范围为 -0.66～2.02（Weisz, McCarty, &Valeri, 2006）。此外，在真实环境中进行的、对青少年抑郁症心理治疗的有效性研究，其总体加权平均效应量也是较小的 0.24。同样，巴布科克、格林和罗比（Babcock，Green，& Robie，2004）引用的关于其他心理治疗的元分析，发现的效应量也比较小，因为诸如攻击性等外部行为问题非常难以干预（Loesel & Koeferl, 1987; Weisz, Weiss, Han, Granger, & Morton, 1995）。因此，虽然金（2008）的研究只发现了 SFBT 较小的干预效应，但关于其他心理治疗的元分析也仅发现了稍微好一点或类似的

结果（具体取决于研究的设定）。

/ 学校环境中的研究现状

上一节我们主要关注了 SFBT 的整体研究，最近有几项研究集中在学校环境中的 SFBT。在过去的 15 年中，SFBT 在学生和学校环境中的应用已经增长了很多，并且仍然是研究人员、学校心理健康工作者和学校其他专业人士感兴趣的领域。SFBT 已被应用在学校环境中的许多问题上，包括学生的行为和情感问题、学业问题和社交技能等。金和富兰克林（Kim & Franklin, 2009）总结了学校里 SFBT 应用的研究文献，表 3-3 总结了在同行评议的期刊上发表的、关于学校 SFBT 的严格的实验或准实验研究设计，其中一些研究与金格里奇和彼得森（2013）的研究有重叠。

如表 3-3 所示，自 2000 年以来，已发表了 6 项关于学校 SFBT 的实验 / 准实验研究和 1 项个案研究。大多数研究的结果好坏参半，从而无法得出明确的结论。对这些结果的初步印象可能会产生误导，研究者指出了可能影响这些矛盾结果的几个因素。

对于在真实实践环境中进行的研究（即有效性研究）来说，这些类型的矛盾结果并不罕见，这样的结果在心理健康工作研究中更为常见；与之相对的是在临床环境中进行的研究（即疗效研究），在临床环境中进行的疗效研究能够控制许多因素，例如干预训练、干预忠诚度和当事人筛选，而在实际环境中进行的有效性研究则没有相应的控制（Connor-Smith & Weisz, 2003）。然而，疗效研究的一个主要问题是，当研究从临床环境转移到学校等真实环境时，所得到的结果会衰减（Southam-Gerow, Weisz, & Kendall, 2003; Weisz, 2004）。相比之下，表 3-3 中的所有研究都是在真实环境中进行的，因此如果在典型的实践环境中会显示出好的结果；这与理想化的临床疗效研究不同，其转移到实践环境中时往往会被证明是无效的（Kim, 2008）。

表 3-3　学校中 SFBT 应用研究（Kim & Franklin, 2009）

研究	设计	结果测量	样本量	样本群体	结果
Corcoran (2006)	准实验	Conners 家长评定量表；儿童情感态度和行为量表	86	5 ～ 17 岁学生	组间无显著差异，两组在后测中均有所改善。这可能是因为对照组也接受了治疗，包括许多经过验证有效的 CBT 成分。
Franklin Biever, Moore, Clemons, & Scamardo (2001)	个案	Conners 教师评定量表	7	10 ～ 12 岁初中生	教师报告 5/7（71%）有所改善。
Franklin, Streeter, Kim, & Tripodi（2007）	准实验	成绩和出勤率	85	高危的高中生	与对照组相比，SFBT 组在获得学分 / 尝试获得学分这一指标上比例更高。两组每学期的平均出勤率都有所下降；然而，对照组在该学期上学日的出勤比例更高。作者认为，两组之间比较出勤率可能并不公平，因为 SFBT 组有一个自定进度的课程表，可能会降低他们的出勤率。
Franklin, Moore, & Hopson (2008)	准实验	儿童行为清单（CBCL）学生自我报告（内化和外化）；教师报告（内化和外化）	59	初中生	教师报告表的内化和外化分数显示，SFBT 组在后测中下降到临床水平以下，并在追踪测试时保持稳定，而对照组变化不大。学生自我报告表的内化分数显示组间没有差异；外化分数显示，SFBT 组在后测时降至临床水平以下，并在随访时继续下降。

续表

研究	设计	结果测量	样本量	样本群体	结果
Froeschle, Smith, & Ricard (2007)	实验	美国药物和酒精调查；物质滥用筛查表；药物使用身体特征知识；皮尔斯—哈里斯儿童自我概念量表；家庭和社区社会行为量表；学校社会行为量表；转介信；平均学分绩点	65	八年级学生	以下各指标表现出了组间差异，表明了 SFBT 的优势：药物使用，对药物的态度，对药物使用后身体症状的理解，以及由家长和教师报告的适应行为分数。而在自尊、转介人所报告的消极行为和平均学分绩点上，没有发现组间差异。
Newsome (2004)	准实验	成绩和出勤率	52	初中生	具有统计学意义的结果：SFBT 组的平均成绩上升，而对照组的成绩下降。出勤率指标无显著差异。
Springer, Lynch, &Rubin (2000)	准实验	Hare 自尊量表	10	西班牙裔小学生	SFBT 组在自尊量表上的得分显著提高，而对照组的分数保持不变。然而，在研究结束时，SFBT 组和对照组在自尊量表得分上没有显著差异。

这些研究的一个重要特征是，对于接受 SFBT 的学生，大多数研究取得了积极的结果。这些积极的结果表明，SFBT 可能有助于帮助学生降低负面情绪的强度、管理他们的行为问题、改善学业成绩（如获得学分），并正面影响外化行为问题和物质使用（Kim & Franklin, 2009）。虽然目前可能没有足够的研究得出关于 SFBT 有效性的明确结论，但在真实环境中使用严格的研究设计、增加样本量和统计效力，确实为 SFBT 成为一种有前途的治疗模型提供了支持。事实上，表 3-3 中描述的所有研究都使用了实验或准实验设计，这有助于提高研究的内部有效性（Rubin & Babbie, 2005）。关于 SFBT 效果的研究，已经超越了过去的跟踪调查研究，并开始采用更严格、控制更好的研究设计，为对所得结果的解释提供了更高的可信度。事实上，从实践的角度来看，SFBT 仅提供几次临床晤谈，就取得了与其他更长时间的治疗模式类似的效果。

/ 研究对学校实践的启示

本书第一版出版时，关于 SFBT 的研究状况和有限的研究数量，尚不能为 SFBT 在学校环境中的有效性提供确定的答案。然而，那些早期的、针对内化和外化行为问题改善的积极发现，对学校的实践者来说可能具有相当重要的临床意义，因为其所达到的效应量很可观，而且大多数研究包括了学校实践者最为关注的问题（如行为问题、多动症或物质使用）。从那时起，关于 SFBT 的研究数量以及对 SFBT 作为一种基于循证科学的干预方法的看法，都发生了很大改变。关于 SFBT 是否基于证据的讨论或争论越来越少，因为越来越多的研究结果证明了其有效性（Franklin, Trepper, Gingerich, & McCollum, 2012）。而且，SFBT 已被作为一种基于循证的干预方法，列入“药物滥用和精神卫生服务国家管理注册循证计划和实践”网站。

SFBT 可能对那些使用其他更传统的方法无法解决问题的当事人是有帮助

的。例如，富兰克林等人（2008）在学校进行了一项研究，关注那些老师和校长无法解决的学生的课堂和行为问题，学生们同时接受了 SFBT 单独晤谈和教师咨询。在接受 SFBT 干预后，教师在标准化测试（康纳斯教师评定量表）方面报告，学生们的行为问题显著改善了；学生们的自我报告也显示他们的行为改善了，并且效应量达到了中到大的水平。

SFBT 用于心理健康工作实践的另一个优点是，该模型可以帮助当事人更快地在目标问题方面产生改变，并且可以由当事人和心理健康工作者一起来确定具体的目标。在富兰克林等人元分析研究报告的三类不同的结果中，几项个案研究发现，6 次或更少的治疗就可以产生大效应量的效果（Cockburn,Thomas, &Cockburn,1997; Franklin, 2008; Sundstrom, 1993）。此外，许多关于 SFBT 有效性的研究是在真实环境中进行的，在典型实践情境中显示出更大潜力，这与那些转移到实践中就无效的理想化的临床疗效研究是不同的。

虽然本章的重点是考查 SFBT 的研究现状及其有效性，但值得注意的是，许多常见因素在治疗中起着重要作用，这些因素较少关乎具体的技术，更多是关于能使当事人发生改变的治疗关系和个人特征。这些因素集中于心理健康工作者的个性和行为特征、对变化的期待以及对干预相关活动的投入度（Kazdin, 2005）。因此，一种担忧是，尝试证明 SFBT 是否比其他治疗方法更有效可能是徒劳的。一些研究表明，许多疗法在有效性上基本是相等的，并且治疗模型中常见的非治疗因素可能会带来独立于心理健康工作者使用的具体技术的治疗变化（Lambert, 2005; Reisner, 2005; Wampold, 2001）。在研究中更重要的是，SFBT 实验组要优于那些接受常规治疗或未接受治疗的对照组（Chambless, 2002 ; Duncan, Miller, & Sparks, 2004）。

另一种担忧是，SFBT 治疗师对治疗保真度的评估及其训练水平。这些实践者是否知道如何做 SFBT？他们在干预中能做到多好？如果实践者没有经过充分的培训或没有坚持治疗模型的核心部分，那么对 SFBT 有效性的判断可能会产生误差。在干预研究中一种可能提高治疗保真度的方法是，利用治疗手册进一步提高治疗师对 SFBT 模型的遵从性，虽然使用治疗手册尚未被证明在真实情境中会对改善实践效果起很大作用（Duncan et al., 2004），但大多数被认为是基于证据的治疗模型是手册化的实践，这给不同的研究提供了一定程度的一致性。目前，北美 SFBT 协会和欧洲短期治疗协会已经制定了治疗手册，这将有助于提高干预的保真度。这些手册的引入表明，SFBT 倡导者越来越重视对该模型的培训和保真度。工具箱 3-2 给出了 SFBT 协会开发的治疗手册的一些摘录。提高未来研究中的治疗保真度，并确保进行 SFBT 干预的实践者接受过充分的培训，将有助于提高研究结果的可信度。

工具箱 3-2 SFBT 治疗手册摘录

治疗师的特征和要求

SFBT 治疗师应具备必要的心理健康学科培训经历和认证，以及 SFBT 的专门培训。理想的 SFBT 治疗师应具有：（1）咨询相关学科硕士及以上学位，如心理咨询、心理健康工作、婚姻家庭治疗、心理学或精神病学；（2）在 SFBT 方面的正式培训和督导，可以通过大学课程或一系列工作坊和训练经历以及督导过程获得。一个好的 SFBT 治疗师通常具有以下特征：（1）热情友好；（2）天生积极和具有支持性（他们经常“能看到人的优点”）；（3）保持开放，对新思想接受性强；（4）是优秀的倾听者，特别是能够捕捉当事人嵌入到“问题谈话”中的先前解决方案的能力；（5）顽强，有耐心。

（Bavelas et al., 2013, p.23）

为了更好地通过元分析确定 SFBT 的有效性，需要更多具有更大样本量和严格实验设计的原始研究。此外，使用实验设计的研究需要采用标准化的测量，这些测量要足够敏感，以便测出短暂干预带来的改变；并且这些测量要具有良好的临床敏感性，特别是对于内化行为问题。为了防止研究被排除在元分析之外，研究需要报告足够的统计信息以便计算效应量，如实验组和对照组在前测和后测中得分的均值和标准差。

本章总结了对 SFBT 的支持性研究，并讨论了 SFBT 与其他干预模式相比的研究现状。特别强调了金（2008）进行的一项关于 SFBT 的元分析，以及关于学校环境中进行的 SFBT 研究的系统综述。对 SFBT 的研究正在稳步发展，该治疗模式已经被视为是循证干预。现有的研究一致表明，SFBT 是一种有前景的治疗方法，对学校环境中的学生很有用。

第 2 部分

三级干预系统篇

第4章

一级干预框架：如何设计一所焦点解决式学校

中文版导读

每个学校都有一些令管理者和老师感到头疼的学生，想象一下，把这些学生集中在一所学校内，会发生什么？美国得克萨斯州奥斯汀市的加尔扎独立高中就是这样一所学校。

学校的创办者希望创造一个能使高危青少年克服学业障碍、最终取得学分和高中文凭、从而能够继续接受高等教育的环境。就在前两年，加尔扎中学实现了这一目标，当高危学生达到 75.9% 时，88.7% 的学生却能顺利毕业（2014 年数据），接受高等教育。这个成就是令人惊叹的，秘诀就在于它是一所焦点解决取向的学校。

三级干预体系也是我国现行教育制度下学校广泛采用的心理健康制度，一级干预是整体预防，教师关注每个学生的心理健康，预防其心理障碍的发生。相信我们可以从加尔扎中学的解决之道中得到一些启发。

本章作者分享了加尔扎中学一级干预的成功案例，即全体教职工接受为期两年的焦点解决系统培训，使学生在课堂上即可接受高质量的指导，并能够在师生互动中得到巩固强化，学校鼓励教职工整合焦点解决的改变原则创造性地应对课堂教学中的日常挑战及学生的具体问题，并介绍了学校的培训方法以及针对高危学生的解决方法。

在加尔扎中学的项目中，研究人员开展了五项评估研究，包含了准实验设计、定性的个案研究、概念映射设计、个体访谈和纵向研究，运用 SFBT 的理念和方法，使加尔扎中学成为一个可以为这些缺乏支持的学生提供情感支持和社会支持的地方，成功地帮助了那些有行为问题的高危学生。通过 SFBT 实现全校师生的共同参与和投入，是一级干预的核心部分，在加尔扎中学，教师的教学理念体现出的社会责任感，是由 SFBT 方法、日常师生互动和学校本身的价值观共同驱动的。

文 / 骆宏

本章讨论干预响应（response-to-intervention, RTI）框架，以及如何运用 SFBT 在全校范围内对有风险的学生进行一级干预。具体而言，本章描述了得克萨斯州奥斯汀地区的加尔扎独立高中如何实施焦点解决干预措施。加尔扎高中是一所公立的、由奥斯汀独立学区管理的不同于一般学校的学校，这所学校是学区辍学预防计划的一部分，也是一个非营利组织。自 2002 年以来，加尔扎高中一直采用焦点解决模式，帮助那些经常需要学校心理服务的学生获得学业上的成功。这所学校的大多数学生面临着许多风险，例如严重的社会问题（如创伤经历）、行为问题（如心理健康问题）。行为问题是大多数学校关注的严重问题，加尔扎高中也最关注有这类问题的学生。加尔扎高中获得了高效、模范学校的称号，该学校学生获得的学业成就和其实践模式得到了得克萨斯州教育局和美国教育部的认可。因此，以加尔扎高中为例来讨论 SFBT 是最佳选择，因为这所学校展示了如何使焦点解决方法成为一级干预的一部分，以帮助教育那些存在行为、家庭和社会功能问题的高风险学生。在加尔扎高中，学校所有的管理人员、教师和行政人员都接受了 SFBT 原理和技术的培训，以帮助他们更好地参与学生的教育工作。

/ 一级干预方法

在过去的 15 年中，学校采用三级系统来满足不同学生群体的需求：广泛的一级干预，有选择性的二级干预，深度的三级干预。大多数学生（≥ 95%）的需求通过前两级就能满足（Sabatino, Kelly, Moriarity, & Lean, 2013）。对于学校的三级 RTI 系统来说，理解所有的层次是很重要的，同时要记住大多数学生有前两个级别的干预就可以。第一级特别重要，在获得 RTI 的第一级干预后，85% 的学生便不需要更高级别的干预了。一级干预的成功，要归功于学生在课堂上接收到的高质量指导，这可以预防未来的行为问题。课堂上教师引导的行为，能在全校教职工与学生的互动中得到巩固强化。虽然这主要被认为是在学校中实施初级预防的一种方法，但一级干预中的实践方法，也可以用来帮助那些诸如辍学风险高的学生群体，创造高效的学校管理项目。

具有高风险特征的学生的顺利毕业，需要学校整个运作团队的帮助，以创造一个安全的环境，这些氛围和文化将使得干预措施更为有效。任课教师、心理老师或学校其他专业人员通常在教室里实施一级干预，这种基于课堂的实施有助于一级干预覆盖到校园内每个学生。虽然有学校专业人员在教室里指导，但学校所有的教职工都需要参与到对学生的干预中。焦点解决方法可以被整合到一级干预中，因为 SFBT 能让学生周围所有的成年人都运用 SFBT 变化进程来支持学生目标的达成。这种全校范围的参与与一级干预实施的保真度密切相关，研究表明，以高保真状态实施一级干预措施的学校，具有较少的行为问题转介，并且整体上具有更积极的校园氛围（Allen-Meares, Montgomery，& Kim, 2013）。为了保持一级干预中所需要的高质量指导、评估和筛查，学校员工必须以对自己有意义的方式接受培训并参与干预。

为了使学校教职工更有意义地参与干预，必须为员工提供实施干预的充分支持。员工要相信他们所进行的干预的可信度和有效性，这需要一种专业的发展方法，这种方法能让学校员工、管理者、研究人员和培训师之间更好地合作，最终导向对干预的有效把控。这就是加尔扎高中采用 SFBT 方法实施的培训模式，学校内的所有员工都接受了为期两年的培训，其中包括专家对 SFBT 的直接指导、线上指导、现场演示以及有反馈的练习。

/ 用一级干预方案设计一个焦点解决学校

在加尔扎高中，全校都在努力运用 SFBT，以支持高危学生能够正常毕业。

一级干预方案中的一个关键部分是，所有的教师和行政人员都必须接受 SFBT 关于改变的原理和技术的专业培训。基于学校的心理健康专业人员，如心理老师，对于一级干预方案的成功至关重要；但任课教师才是与学生相处时间最多的人，随着专业化培训的开展，教师可以更好地掌握心理健康技术，并在使用中变得更有信心（Franklin, Kim, Ryan, Kelly, & Montgomery, 2012）。这就是加尔扎高中的培训理念：培训教师和其他员工成为整个改变进程的参与者，因为永远不会有足够的心理老师来满足学校的所有需求。培训所有员工实际上是解放了心理老师，让他们能做更深入的咨询工作，建立所需的团体和社会联系，同时为学校其他员工提供咨询、训练支持，并帮助那些需要额外帮助的学生。加尔扎高中的一位教师这样描述培训理念：

> 校长的理念是培训整个学校，因为她说任何人都可以成为引领者，包括数据专员、教务员、门卫等。我们的门卫与孩子们打成一片，已经成为许多孩子的引领者和榜样，他参加了全市范围的篮球比赛，并为此招募了一些孩子，他与孩子们谈论礼仪和责任，这真是太神奇了，任何人都可以成为倡导者，孩子们可能与食堂的员工产生联系，那么食堂的员工需要像其他人一样接受训练。

加尔扎高中使用一种跨专业的方法来进行 SFBT 培训和整合。学校的心理老师、教师和管理人员将他们各自专业领域的知识融合到解决方案的建构中，在这种方法中，不同的团队成员相互分享他们的知识和专业技能，通过整合这些知识来创造新的干预方法，斯特里特和富兰克林（2002）将这种跨学科的学习称为跨学科解决问题的团队方法，学校所有员工都接受了基于焦点解决的心理健康干预方法培训，以便更好地为高危学生提供服务。反过来，随着时间的推移，学校员工会将 SFBT 的改变原则和技术整合到他们的教学环境中，例如，鼓励员工整合 SFBT 的改变原则并运用 SFBT 以应对课堂教学中的日常挑战，以及他们在学校遇到的学生的具体问题（如缺勤、迟到、缺乏进取、自杀意念以及物质使用）。具体的整合不是由心理老师或研究人员完成的，而是由学校的普通员工创造性地完成的。（在之后的系列会议和培训中，在学校中运用 SFBT 的方式将被拿来讨论，以便每个参与者都能继续从中学习。）重要的是，学生也是努力开发方法的团队的一部分，作为一所焦点解决学校，倾听并采纳学生的建议成为学校文化的一部分，例如，学生被邀请参加 SFBT 培训；校长还召集了一个校长咨询小组，在这个小组中学生可以提供有关在学校实践 SFBT 的想法。

所有的员工都接受过 SFBT 技术的培训，如问题解决谈话、聚焦资源和例外、刻度化问句、目标设定等。强调关于改变的特定原理，如使用积极语言帮助当事人思考不同的自己和他人，以及在改变进程的开始设定以当事人为中心的目标，目标是与学生一起商定的，并且是较小的、可衡量的、能被学校员工或家长观察到的（Newsome, 2005）。学校员工还学习了 SFBT 改变的原理，即目标是个人化的，因此对员工和学生都有内在的激励作用（Jones, 2009）。鼓励管理人员和心理老师将这些实践制度化，整合到学校的教学指导和计划（如日常量化和目标表）中，如设计一个叫作“星光大道”的特殊毕业典礼，本章后面将对此进行更详细的描述。

如前所述，加尔扎高中学习改变的原理、实践 SFBT 技术已经持续了两年，但实际上，关于 SFBT 的专业培训和学习从未停止过。最初的两年培训完成后，每个新学期一到两次的咨询课程就会开始，继续通过跨学科的团队方法，在整个校园中运用 SFBT 模式。培训之初，由 SFBT 专家担任培训师、咨询师、评估者和记录员，将这些实践记录到相关研究和培训手册中，虽然培训员工在学校中使用 SFBT 看起来很费时，但这能让学校员工更好地掌握 SFBT 技术，并且能够让他们拥有掌控培训的能力；后期只需研究人员和培训师少量的指导，他们就能持续保持这种能力，这能确保包括新教师在内的所有人都可以接受培训。

SFBT 在加尔扎高中的实践已经有 15 年了，这期间还包括了学校领导层的一次变动。当 2008 年领导层发生变化，创始校长维多利亚 · 鲍德温（Victoria

Baldwin）退休时，一些人预测 SFBT 模式不会继续下去，然而，鲍德温校长参与选择了琳达·韦伯（Linda Webb）博士作为新校长，韦伯校长不仅坚持了 SFBT 模式，而且进一步推进了学校的教学和学术成就。当韦伯博士就职时，一位最初的培训师参与了很多对她的培训活动，目前，韦伯博士已经和她的员工们一起接受了 SFBT 的全面培训，她亲自领导了正在进行的 SFBT 方法的在职培训，最初的研究人员和培训师则继续担任咨询和支持的角色。培训所有教师和行政人员了解 SFBT 的改变原理和技术，并鼓励他们将其整合进教育环境，使得一级干预更容易高保真地实施（Franklin, Kim, Ryan, Kelly, & Montgomery, 2012）。通过为学校中的每个人提供 SFBT 策略的深入培训，一级干预也变得更加有效，并且具有更长期的稳定性。表 4-1 总结了加尔扎高中使用的跨专业的一级干预方法。

表 4-1 学校员工的 SFBT 跨专业培训

- 从管理层获得支持。
- 确定一个人主要负责培训和跟进。
- 与选定的学校员工建立牢固的伙伴关系。
- 评估学校已经做了什么来建构解决方案。
- 通过跨学科团队结构来介绍模型。
- 征求所有人的意见，特别是学生的意见。
- 在进行建构解决的对话时保持以学校为中心。
- 提供由焦点解决短期治疗专家进行培训的机会。
- 支持教育工作者用自己独特的理念和方法来塑造这个模型。

Source: Franklin and Streeter (2004).

/ 针对高危学生的解决方案建构方法

加尔扎高中的管理人员和员工使用焦点解决技术，来促进与学生的积极关系并解决问题。教师们得到培训，将学生视为解决他们自己问题和困难的专家，这种观点与通常以专家驱动的策略相反。当教师在教室中与学生进行日常对话时，他们会更多地使用 SFBT 中的建构解决方法。以下是加尔扎高中的教师们使用的帮助学生的一些焦点解决对话技巧：

- 协助学生提出一个现实的解决方案；
- 寻找已经在学生生活中使用过的解决方案；
- 协助学生为解决问题构建小的、可衡量的目标；
- 马上行动，以便尽快让学习和生活产生改变（Franklin, Montgomery, Baldwin, & Webb, 2012）。

如第 3 章所述，在学校中使用 SFBT 已被证明是一种有前景的干预措施（Kim & Franklin, 2009）。加尔扎高中的学生表现出的一些行为问题可能对教师构成了挑战，接下来我们讨论如何使用焦点解决方法来解决加尔扎高中内的一些常见挑战：自杀、自残、暴力和攻击。

/ 自杀和自残

焦点解决方法有助于教师和行政人员与学生建立牢固的关系（Lagana-Riordan et al., 2011），这在与压力情境下的学生一起工作时非常有帮助，这种关系在（像加尔扎高中这样的）特殊高中中显得尤其重要，因为在那里可能有很多学生正面临自残或自杀的风险。如果学生没来上课或出现一些反常行为，加尔扎高中的老师会很快注意到；当学生遇到严重心理健康危机，教师无法处理时，心理老师也可以提供帮助，这两名专业人员作为一个团队一起工作，以便让学生继续正常上学。

工具箱 4-1 描述了一个正在心理问题和自我伤害中挣扎的学生。在这个案例中，加尔扎高中的教师和行政人员使用团队方法和 SFBT 来支持学生。加尔扎高中的一级 SFBT 干预方案中包括一个转介系统，所有员工都可以向学校心理老师提交有关任何学生的资料，在每周一次的学生服务会议上会讨论这些转介案例。加尔扎高中的管理部门组建了一个多元的学生服务团队，包括任课教师、学校内部的心理老师和外部机构，该团队致力于更好地了解学生，以便帮助学生为自己制定合理的目标。在玛雅的案例中，她与加尔扎的员工分享了一个她自己制订的安全计划，在这个计划中，一名员工会在早上和放学后与玛雅会面以确保她的安全。在不同的学校环境中，类似这样的安全计划可能会令人尴尬，然而，加尔扎高中致力于消除对这些行为的污名化，这也是基于优势的 SFBT 模型的一部分，专注于未来的可能性而不是过去的问题。

工具箱 4-1 玛雅：自杀风险

玛雅是几个月前来到加尔扎高中的，她与她的艺术老师关系很好，然而，玛雅再次陷入心理健康问题，她曾因自残和自杀意念而住院治疗，在医院，玛雅被诊断为中度的双相 I 型。

玛雅的艺术老师注意到了她身上的变化，玛雅的行为和态度似乎有些不同，她开始逃学，并表现出一些高风险的行为，艺术老师填写了一份转介表格，并交给了学校的心理老师。转介表格被送到由加尔扎高中的教职工组成的一个跨专业的学生服务团队，在会议上，大家集思广益，讨论了玛雅在加尔扎的进展，以及如何更好地支持她。会议上，团队成员还意识到玛雅做得很好的事情：她在学校表现良好，结交了新朋友，在家中也表现得体。通过列出这些优势，大家认为玛雅有实现自我设定的目标的潜力，最终，鉴于玛雅过去的住院和诊断经历，团队将玛雅列入了安全计划。

安全计划与玛雅的照片一起被发给了学校的所有员工，这样即使他们从未见过玛雅也能够认出她。玛雅没有去看学校外面的治疗师，她被转介给加尔扎校园中的社区（Community in School，CIS）工作人员，玛雅开始每周与 CIS 的心理健康工作者见面，这是一个让人感到真诚和尊重的地方，即使在她担心自己的心理健康状况时，玛雅也从未因此在校园里感到羞耻。

一名2015—2016学年在加尔扎高中工作的心理健康工作者说：

> 令我惊讶的是，学生们如此轻松地告诉我他们的挣扎，并相信我会支持和帮助他们。关于加尔扎最厉害的事情是，它粉碎了那些现在社会上还在试图消除的污名化——性别、心理健康、虐待、学习障碍、违法行为以及贫困等。无论学生遇到了什么问题，他们知道学校里一定会有人坐下来倾听他们并努力提供帮助。

这句话概括了加尔扎高中学生群体面临的共同挑战，以及SFBT基于关系和优势的模式如何渗透到学校中。所有挑战都被整合到SFBT方法中，聚焦于关系、优势和未来的解决方案，以便创造出不同并解决问题。

学校通过学生服务团队在加尔扎创造这种包容性的文化。所有员工都可以将学生转介给团队，在每周的会议上，团队将学生的照片展示出来，结合学生在校外发生的事情一起回顾学生的出勤和行为模式。该团队使用焦点解决方法完成工作，创建可衡量的小目标，以玛雅为例，学生服务团队用赞美来强化她做得好的事情。

每周都有同一名学生被转介给团队，这是很常见的，在这种情况下，团队可能会决定密切关注这个学生或考虑更深入的干预。这些会议的目的是去理解而不是“搞定”学生，为了更好地了解学生的经历，团队成员在种族、年龄、职业、教育背景、LGBT身份①和性别等方面各不相同。学生服务团队不会被沮丧拖住，而会看到对转介学生有效的工作，并邀请学生做更多已被证明有效的事情。这种技术是基于优势的，它鼓励团队做对学生的目标有帮助的事情。

① 指同性恋、双性恋及变性者等性少数群体。——译者注

/ 暴力和攻击

即使在惩戒学生时，管理者也会采取焦点解决方法，也许这就是为什么加尔扎高中的纪律转介如此之少的原因。例如，暴力在学校的历史中几乎不存在，自 1998 年加尔扎创立以来，只发生过几例学生打架事件，如前所述，这可能是因为加尔扎高中的教师和行政人员创造了一个良好的环境，在这个环境中，许多疑虑和不安全感都得到了解决和消除，学生经常报告他们觉得自己在学校里被老师和同龄人所接受。加尔扎高中已经找到了消除人际冲突的方法，即将困难的话题正常化或去污名化，并使用 SFBT 沟通和调解同伴之间以及学生和老师之间的问题。学校也强调复原和学习，而不是惩罚，并把这种责任交到学生自己手中，例如，当学生放学后被留校时，他们不仅需要思考他们做了什么让自己陷入困境，还要探索他们本可以做些什么不同的事情，他们被要求设想解决方案会是什么样子，以及他们如何做出这些改变。下面是前助理校长山姆·沃森（Sam Watson）说的一段话，为我们展示了这种模式的积极效果：

> 在留校期间，学生会拿到一份思考表，用于帮助他们写出发生的事情，我们会问一些具体的问题，比如第一次发生了什么，第二次发生了什么，你本来能做些什么来防止这种情况发生，下次发生这种情况时你会怎么做。通过这种方式，即使我们不和他们坐在一起，也仍然可以让他们对发生的事情进行一些反思。所以事情变成了：我们能做些什么来帮助你？你能做些什么来避免这种情况发生？你还可以做出哪些选择？你能做些什么来纠正错误？这样，孩子们会很快给出这些问题的解决方案，因为他们知道正确的答案。

/ 在非传统学校中实施 SFBT

焦点解决策略并不是一夜之间强加给全校员工的，相反，这个过程是渐进式的和自我激励的。毫无疑问，管理层的投入对于加尔扎作为一所非传统高中的成功是至关重要的，加尔扎高中于 1998 年创立，2001 年开始进行 SFBT 培训，然而，在 SFBT 培训之前学校已经做了很好的准备，并且已经具备多种因素有利于它作为一所非传统学校取得成功，进而有目的地采用了非传统学校教育中可以找到的最佳实践方式。这些有助于加尔扎高中的因素被称为“学校准备因素”，包括：建设性的组织文化、平行的权力结构（所有员工都被看作有能力为学校作出贡献）、员工的灵活性（可以承担风险和接受建设性反馈）、资金支持以及可以坚持进行 SFBT 培训和督导的员工（Franklin & Hopson, 2007）。

当然，不同的学校会有不同程度的准备状态，以下是确定学校准备情况并帮助学校转向使用 SFBT 的建议步骤。

1. 确定学校员工学习焦点解决模型的总体意愿和动机，获得管理层的承诺，并指导管理层将这种方法推荐给对参与团队学习感兴趣的员工，而不是强制要求培训。

2. 鼓励由各类重要成员（如校长、教师、心理健康工作者）组成的团队学习与学生工作的新方式。（这不是一个一次性的训练活动，必须在学校的时间表上将时间安排好，培训必须包含在职业发展中。建议校长与将要参加培训的团队成员一起制定培训时间表和设定目标。）

3. 在培训过程中创建具体的学习步骤，与团队一起做整个学年的计划。例如，首先，（在一系列小组和培训会议中）讲授 SFBT 的理念和具体技术；其次，建立一些能促进大家学习并在课堂上应用这些技术的步骤；再次，提供具体的指导方法，并为学习提供反馈；最后，设定持续的跟踪进程，以对应用情况进行讨论。

4. 继续在较小的小组会议上培训原始团队，并为他们提供教授别人这种方法的机会。

如前所述，学校的每个员工都应该非常熟练地应用 SFBT。专业的发展和员工的领导力，对于一级干预措施的成功至关重要，也是建立焦点解决学校的关键。成为焦点解决学校需要一个过程，重点不是追求立即的改变，而是通过小步骤和可衡量的目标，逐步成为焦点解决学校。领导团队和教师们设定这些具体目标，然后确定他们将采取的小步骤，加尔扎高中在从一所初创的非传统学校转变成焦点解决学校的过程中，设计和实施了这些提高员工能力的方案。

1. 给教师和其他员工提供一个焦点解决资源库。

2. 教师们分成小组，组成一个读书俱乐部进行阅读。

3. 安排让教师、行政人员和管理人员都能参与的午餐会议，观看并讨论焦点解决干预的视频。

4. 组织所有员工进行在职培训，由一名焦点解决培训师带领。该培训师还会建立更小的团体（如校长、其他管理人员和心理老师）进行额外的培训和咨询。在整个培训进程中，其他焦点解决培训师也会加入进来，以助力整个学习进程。

5. 学校聘请一位焦点解决培训师，进行课堂咨询和焦点解决方法的培训，包括定期走访教室。焦点解决培训师观察教师如何带领课堂小组并使用奇迹问句等技术，并提供关于教师使用 SFBT 的书面反馈。

6. 向教师提供焦点解决技术的快速参照表，以便与学生一起使用。后续会议邀请大家讨论如何使用这些技术，以便教师之间互相指导。

7. 在管理者对教职员工的年度绩效评估中，增加焦点解决干预能力方面的内容。

/ 全校范围的 SFBT 原则示例

一级干预方法表明，焦点解决理念要被用于指导人际互动和校园内的事件，以便这些事件能建立在关注优势、关系和社区建设等原则之上。例如，加尔扎高中设立了融合日，这是每学期都会举行的社区活动日，包括：鼓舞人心的演讲，学生才艺表演，学生、教师和社区人士共进午餐以及邀请许多被称为“加尔扎之友”的、为学校作出了特别贡献的来自社区的访客。除传统的毕业典礼外，加尔扎还有一个“星光大道”活动，由于加尔扎的课程是自定进度的，学生经常会在学期中间毕业，当学生完成所有必需的学分要求时，整个学校都会参加这个学生的“星光大道”。工具箱 4-2 描述了 2015—2016 学年的“星光大道”活动。

工具箱 4-2　星光大道

三年前，马丁（Martin）以为他高中永远不能毕业了，在之前的学校，他一直在学业中挣扎，出勤率也很低；来到加尔扎高中后，马丁开始学习机器人和电影制作等课程，他从来不认为自己是一个好学生，但这些课程比之前学校的课程更能吸引他的注意力。母亲失去工作后，他更加投入学习，但不得不找一份日间工作，这意味着马丁要在午餐时间离开学校去上班。幸运的是，马丁的老师们支持他特殊的日程安排，并帮助他在接下来的两年里完成了所有的课程。

现在，马丁已经完成了他的高中学业，开始了他的星光大道。首先，马丁向他的老师和母亲展示了他的一些作品，主要是在电影制作课上完成的作品，在这次展示中，老师大声朗读了一封推荐信，给了马丁积极的反馈；接着，老师赠送给马丁一枚刻有星星的奖章，马丁和他的心理老师一起拍了照片，管理人员列出了马丁未来的一些目标，比如上大学学习有关电影制作的更多知识；最后，马丁在加尔扎的校园里走了最后一次，他邀请妈妈和心理老师一起走，当三人在学校漫步时，广播里播放了庆祝的音乐，学生们和老师们纷纷走出教室，庆祝马丁的成功， 同学们有的吹泡泡、有的鼓掌、有的拿出乐器演奏。虽然马丁参与庆祝过其他学生的星光大道，但他从没想象过自己的，对马丁来说，这就像是一个盛大的人生庆祝仪式。现在他在加尔扎取得了成功，马丁觉得他也可以在其他地方取得成功。他在高中时为自己设定了目标，在加尔扎的老师们的支持下，顺利达到了目标。

“星光大道”是加尔扎高中流行的全校范围的焦点解决创意之一，它与 SFBT 的过程一致，它强化了学生实现自我设定目标的能力，突出了优势和胜任力，并使学生收到有关成功的赞美，这个仪式肯定了学生的个性和自我能动性。在工具箱 4-2 的例子中，我们可以看到加尔扎高中的所有师生通过称赞学生的能力和目标，来庆祝学生的成功。管理部门也花时间对学生进行表彰，给他们颁发具有纪念意义的星星镇纸，宣读证明学生积极成长的推荐信，并与学生合影留念。马丁完成的那些课程不但使他能够获得足够的学分，而且比传统课程更具吸引力，在这些课程中，马丁探索了中学毕业后可能的发展方向，并学到了实实在在的技能。加尔扎高中独特的课程设置与焦点解决模型相匹配，因为它鼓励教师在教学计划中勇于冒险，充分利用学生的内在学习动机。对于希望将焦点解决技术纳入校园计划的学校来说，学校所有员工都接受焦点解决策略以及学生个人的成功都是非常重要的（Franklin, Moore, & Hopson, 2008）。

/ 学业成绩和成功

2015 年，奥斯汀独立学区的 12 所高中中只有 4 所符合国家标准，其中一所就是加尔扎独立高中。这一成就之所以令人惊叹，是因为加尔扎高中的大多数学生被学区认定为高危学生。作为一所非传统学校，加尔扎的整体成功归功于许多因素，本章讨论的一个独特特征是，学校将 SFBT 作为其理念和技术的整体解决方案。焦点解决学校的创办者希望创造一个能使高危青少年克服学业障碍、最终取得学分和高中文凭、从而能够继续接受高等教育的环境。去年，加尔扎高中实现了这一目标，超过 80% 的毕业生接受了高等教育。

迄今为止，已有五项评估研究集中在加尔扎高中，其中包括一项准实验设计（Franklin, Streeter, Kim, & Tripodi, 2007）、一项定性研究（Lagana-Riordan et al., 2011）和一项概念映射研究（Streeter, Franklin, Kim, & Tripodi, 2011）。第五项纵向研究正在进行中，该研究调查了四年时间内学生的按时毕业率，但该研究的结果尚未公布。对其他四项评估研究的描述如下。

第一项研究（Franklin et al., 2007）采用了准实验前测 / 后测比较设计。实验组被试（n=46）都来自加尔扎高中这所焦点解决非传统学校（solution-focused alternative school，SFAS）；由于没有其他非传统学校，对照组被试（n = 39）是从当地的传统公立高中招募的。实验组和对照组被试在以下特征方面都匹配：出勤率、获得的学分数、参加免费午餐计划情况、种族、性别以及学生是否被得克萨斯州教育法认定为有风险。

在这项研究中，有三个因变量：获得的学分、出勤率和毕业率，这三个变量的数据，通过奥斯汀独立学区的记录获得。这项准实验研究的结果，有助于研究人员和从业者理解焦点解决学校对学生获得学分、出勤率和毕业率的潜在影响。重复测量方差分析结果显示，在 2002—2003 学年期间，对照组（参加当地公立高中辍学预防计划的匹配学生）与实验组被试之间没有显著差异。然而，在 2003—2004 学年期间，两组之间出现了显著差异，SFAS 的学生（实验组）比对照组学生获得学分的比例更大。需要考虑的一个重要方面是，与传统高中的学生相比，SFAS 的学生的学习进度是不同的，在加尔扎高中，学生可以自定进度、定制个性化课程，学校允许学生灵活地只上半天学、兼职工作。结果表明，SFAS 的一些学生需要比传统高中的学生大约多一年的时间才能完成高中学业。这项研究的一个可能结论是，虽然加尔扎的学生可能需要稍微多一点的时间，与参加辍学预防计划的学生相比在进度上显得落后很多，但他们在完成学分要求方面仍然展现出了更大的可能性。

第二项研究（Lagana-Riordan et al., 2011）采用了定性的个案研究方法，在第一项研究（Franklin et al., 2007）的实验组中招募被试。在被询问的 46 名学生中，有 33 人选择参加，超过一半（57.6%）是女生。每位参与者在 45～60 分钟的半结构化访谈中回答 36 个问题，这些问题是刻度化问题、列表项目和开放式问题的组合。访谈者利用线索提示来收集更多信息。

这些问题围绕着对现在和以前的学校的满意度、家族史、与同伴和家庭的关系等相关主题展开。研究者对回答进行转录、编码，并使用主题分析方法进行理论分组，使用定量数据的三角互证、持续的观察和长时间的参与来提高方法的严谨性和可信度。这项定性研究（Lagana-Riordan et al., 2011）的主题分析结果，揭示了 SFAS（加尔扎高中）学生和传统学校学生几个方面的差异。学生对 SFAS 的大多数看法是正面的，具体而言，主要积极看法有：积极的师生关系、更成熟更有责任感、灵活的结构、对社会问题的理解以及积极的同伴关系。该研究的被试解释说，SFAS 的氛围是教师和同伴能提供理解、支持和更高水平的个性化关注。此外，学生们还描述了学校的灵活性和对他们责任感的期待，这对他们的成功至关重要。

学生们也表达了对传统学校劣势的看法：教师问题、缺乏安全感、要求过于严格、不合理的学校结构以及同伴关系问题。学生们表达了被同伴和教师评判的感觉，此外，他们认为传统学校无法提供个性化关注或安全感，而这对促进有效学习是非常必要的。这项研究的结果，揭示了学校心理健康工作者和其他从业人员在干预有辍学风险的学生时要考虑的重要特征。

第三项研究（Streeter et al., 2011）使用了概念映射设计。概念映射是一种混合方法，以帮助检验一个项目对其指导理论和理念的保真度，并评估影响高危学生毕业的最重要特征。14 名学生和 37 名成年人（教师、管理人员和其他员工）参加了概念映射会谈，请他们描述帮助学生实现其教育目标的非传统学校的具体特征，共收集到 182 个特征描述。研究者将其分为 15 个集群，它们反映了参与者对非传统学校的描述和理解：关系、专业环境、充满整个学校的尊重氛围、优势导向、社会意识、学生之间的互动、赋能的文化、先进性、组织基础、学校规模和学习日的安排、入学和毕业制度、导向学生成功的资源、为生活做准备、学生的成功和持续的进步。

这些是由格拉泽和施特劳斯（Glaser & Strauss，2007）描述的实用主义的理论方法和持续比较方法驱动的，它试图揭示师生互动的相关理论。当收集的数据达到饱和时，数据采集就会停止（Morse, 1995; Timmermans & Tavory, 2012），这意味着这些类别可以“得到充分的解释，它们之间的差异可以得到解释，它们之间的关系……可以得到检验和验证”（O’Reilly & Parker, 2012, pp.190—197）。最终模型显示了教师访谈的总体核心类别和子主题（Hallberg, 2006），研究人员重新审视了结果部分中的个人叙述，以增强数据的丰富性（Ayres, Kavanaugh, & Knafl, 2003; Szlyk, 2016）。

在 58 名备选员工中，10 名教师参加了半结构化的个体访谈，4 名教师参加了焦点小组，所有教师都按照学校的要求接受了 SFBT 培训，教师们的 SFBT 培训经历长短不同，没有其他心理健康问题。教师认为逃学、物质滥用、自杀意念和自我伤害等危险行为是学生中最普遍的问题，教师报告他们每天都要面对这些问题，主要是围绕情感的问题和事关学生福祉的外部威胁，但他们在与学生的互动中会表现出信心和冷静。教师们还表达了要与学生建立稳定的关系，这是解决课堂上出现的学业和情感问题的基础。这项研究的结果具体证明了教师如何通过熟练的决策、深思熟虑的互动以及对当前问题的持续觉察，聚焦于学生的学业和情感需求。一个由教师的教学理念创造的核心结构是社会责任感，这是由 SFBT 方法、日常师生互动和学校本身的价值观共同驱动的。这项研究的结果表明，教师具有强烈的社会使命感和关怀、尽心尽力的教学理念影响了他们与学生的日常互动。具体说来：

> 这种教学理念往往是学生被这所非传统高中吸引的原因之一。老师们讨论了以前的愿望，即“把学生的优势放在第一位”“把学生当作自己的孩子对待”“给学生‘礼物’以让世界变得更好”。正如一位老师所说，……我认为作为老师的一部分工作是关心每一个人，我不认为这是一个非常自私的职业，我想，如果只考虑自己，会很痛苦。
>
> （Szlyk，2016, p.13）.

关于社会责任这一核心类别的结果表明，教师培养了学生的成长和独立性。学生的独立性是在危机或情绪困扰期间，学生和教师协作解决问题时培养的。教师依靠 SFBT 技能促进合作解决问题，使他们能够帮助学生解决课堂中经常产生的挫折和痛苦。

/ 学校内收集的数据

奥斯汀独立学区和得克萨斯州教育局还收集了有关加尔扎高中的特色和学术成就的数据。根据得克萨斯州教育局 2014 年的数据，2014 年加尔扎的学生中有 75.9% 被归类为有风险的学生，但同年，四年毕业计划中 88.7% 的学生顺利毕业了，获得了普通教育发展证书（general educational development，GED）或继续上大学。2014 年，加尔扎的辍学率为 4.2%，出勤率为 81.6%。2014 年，42.4% 的加尔扎毕业生被认为已经为上大学或就业做好了准备，加尔扎学生的学术能力评估考试（Scholastic Assessment Test，SAT）成绩高于本学区和得克萨斯州的平均 SAT 成绩。加尔扎高中的学生和教职工经常因其努力和成功而在本地区、州或国家层面得到认可。2016 年 2 月，加尔扎的国际象棋队在地区比赛中获得第一名，队中的几名学生还获得了个人奖项。在

2013—2014 学年，加尔扎高中在校园社区和学生投入评级的每个类别中都获得了模范等级。此外，在 2015 年，琳达 · 韦伯博士（校长）获得了奥斯汀独立学区颁发的年度校长奖；另外两名员工也得到了认可：其中一名心理老师被评为“2015 年改变生活的心理老师”，另一名社会研究教师因其在加尔扎的混合课程而在地区网站上被推荐。

/ 开始你自己的焦点解决学校

加尔扎高中是一个示范项目，展示了一所公立的非传统学校如何通过使用 SFBT 提供的行为改变过程，转变为一所基于优势的学校。通过使用焦点解决方法，加尔扎高中变成了一个提供情感支持、社会支持的地方，并招收那些很少从家人、朋友那里获得支持的学生。这种类型的社会支持和个性化的关注，被证明对于留住一些有风险的学生并帮助其顺利毕业至关重要。研究表明，家庭问题、心理健康和物质滥用问题与高中辍学相关（Aloise-Young & Chavez, 2002; Nowicki, Duke, Sisney, Stricker, & Tyler, 2004; Rumberger & Thomas, 2000），这也是加尔扎高中的心理健康工作者和教师与学生一起工作的日常经历。其他学校的学生也可能经历类似的青春期带来的严重的发展问题，以及随着时间推移逐渐加重的创伤和未解决的问题，如果没有策略帮助学生解决复杂的行为健康问题，学校不太可能成功地让每个学生都毕业。SFBT 是一种学校心理健康工作者可以用来培训学校所有员工、帮助有严重的社会和行为健康问题的高危学生的有效方法。具体来讲，教师可以掌握 SFBT 的理念和技术，将其运用到课堂中。加尔扎高中 15 年来一直保持着焦点解决模式，这也表明学校教职工不仅可以接受这种方法的培训，而且说明 SFBT 模式有随着时间的推移而持续下去的潜质，这一点，再加上学校在毕业率以及将高风险学生送入高等教育方面的成功事实，表明 SFBT 项目是值得学区投资的。

本章首先简要介绍了 RTI 和一级干预方法，以及如何使用 SFBT 创建用于预防辍学的一级干预，还描述了一种在 SFBT 中培训教育工作者的跨学科团队模型。之后通过案例展示，描述了加尔扎独立高中是如何在一级干预措施中使用 SFBT 技术的，该高中是得克萨斯州奥斯汀的一所焦点解决模式的非传统高中。这些技术和案例展示了在有行为健康风险的高危学生中常见的挑战，如自杀意念、自残、暴力和攻击等；这些例子还展示了以学校为基础的心理健康服务和违纪处理，以及加尔扎高中的员工是如何作为一个团队运作的。学校的校长琳达 · 韦伯博士指出，加尔扎高中采取协作方式寻找解决方案，这也是为什么员工也要接受焦点解决的技术培训，包括确定优势、寻找小且可衡量的目标以及寻求问题的例外情况等。在大多数情况下，这些技能可以由所有接受了深入培训的员工使用，在接受完这些培训后，学生周围的所有教职工都有可能参与他们的目标达成和成功。通过 SFBT 实现的这种全校性的参与和投入，是成功的一级干预的核心部分。

对加尔扎高中的评估研究，以及学区收集的数据，都为加尔扎的积极学术成就和成功提供了证据。尽管有超过 75% 的学生被认为是风险学生，加尔扎高中却一直保持着很高的成绩和毕业率，学校、教职工和学生也赢得了无数奖项。学生积极参与教学，参加各种活动，在课堂上开发有价值的课题并在毕业后继续研究。这种焦点解决的、师生共同参与的模式，在学生高中毕业后升入大学（加尔扎高中提供支持学生大学目标的奖学金）或就业后也被继续使用着。学校心理健康工作者可以协助学区从加尔扎高中的成功中学习并发展其他的 SFAS 项目，以改善风险学生的毕业率，提高大学入学率。

第 5 章

二级干预框架：老师不是超人，但可以有“超能力”

中文版导读

教师对教育工作的热情在班级管理工作中往往会遇到很多挑战，有一位班主任说，她的班级里有几个特别调皮的学生，她 80% 的精力都耗费在处理各种投诉上，因为这些学生的不守纪行为，任课老师、学生和家长对此的抱怨层出不穷。这种情况得到了广大教师的共鸣。

如果不能及时有效地在应对这类问题上给予老师们支持，将会引发进一步的职业倦怠。我们国家的教育体系提出的二级干预即针对性干预，就是对在全体学生中筛查出来的风险学生或有问题行为的学生展开工作，二级干预的目标是介入和改变。

针对这类有特殊社交或情感需求的学生，WOWW 项目（working on what works，有效地多做）应运而生。这是一个为教师提供专业支持的 SF 教练项目，于 2004 年开发，它运用 SFBT 的理念和技术促进教师和学生在课堂上的积极互动，共同创造更好的学习环境。焦点解决实践者为教师和班级提供咨询服务，让教师认识自己的优势并赋能学生，在教学实践中呈现出更多的人性光辉。

为了说明 SFBT 如何能够促进班级和学校环境，本章还详细描述了芝加哥地区的 WOWW 干预项目（2007—2012 年），同时还分析和讨论了该项目中那些令人鼓舞的数据结果。早期初步的研究表明，WOWW 可能会影响教师的自我效能感和他们避免倦怠的能力。就学生而言，一些积极的初步结果表明干预措施能够提高学生的出勤率和学习参与度。

WOWW 运用 SFBT 的有效因素对课堂行为、教师的心理复原力和学生的成绩产生有意义的影响，帮助教师以富有创造力、更投入、更有效的方式管理班级，这样的结果是所有教师都希望在自己的班级中看到的。

文 / 骆宏

越来越多对学生行为和课堂成绩的教育研究表明，与倦怠或对应试教育感到压力巨大的教师相比，富有创造力、投入的教师能够更有效地管理班级（Evertson et al., 2006; Responsive Classroom, 2006）。WOWW 项目（有效地多做）致力于赋能给常规和特殊教育环境中的教师，让他们认识到自己的优势并赋能给学生，鼓励他们设定目标并发展出作为学习者的共同追求。2002 年，SFBT 的先驱茵素·金·伯格和李·希尔茨（Lee Shilts）首次在佛罗里达州开发了 WOWW 项目（Berg & Shilts, 2004），在佛罗里达州劳德代尔堡的城市学校进行试点后，该项目已在其他城市实施，包括我们在芝加哥合作过的几所学校（Berg & Shilts, 2004; Kelly & Bluestone- Miller, 2009）以及美国其他地区和英国的几所学校。在本章中，我们将分享我们自己关于 WOWW 项目帮助学生和教师取得成功的初步发现，以及其他有关 WOWW 项目的试点数据。

/ 在教师休息室寻找解决方案

作为学校心理健康工作者最难待的地方之一可能是教师休息室，迈克尔·凯利（Michael Kelly）的一个故事说明了这一点：

> 放假前一天，我从微波炉里拿出意大利面，和一些老师一起坐下来，在我吃第一口之前，一位老师询问我对她班里学生的看法，“我们班一半的学生去办公室找过你，这不是很疯狂吗？”贝蒂说，“珍妮（她教二年级的同事）告诉我，这些三年级的学生将成为我的地狱，她是对的！最差的两个学生是萨尔和卡洛斯，唉，为什么他俩在我们班？”表面上，我无言以对，因为我可以看出来贝蒂的抱

怨才刚刚开始；在内心深处，我在想，也许是时候让我为贝蒂和她的班级做点什么了，而不仅仅是把她班上在个别化教育计划中接受心理健康服务的孩子们拉出来。

很快，餐桌上的其他老师也加入到关于萨尔和卡洛斯的讨论中。其中一位分享了她周五午餐值班时的经历，她认为“在他（萨尔）能够和其他同学好好相处之前，不应该出去吃午饭。”另一位讲述了卡洛斯的父亲如何把他送到学校的故事，她从另一位妈妈那里听说她闻到卡洛斯的父亲满身酒气。“你们别管了，这是我要处理的事情。”贝蒂说，然后她转过身对我说，“那你怎么看？”

我深吸了一口气，同意她说的她班上的孩子很难相处，并告诉她我有兴趣在她的班里尝试一个新项目，即 WOWW，我认为这可能是帮助她管理班级的一个好方法。她说她会考虑的，但很快又补充道：“但你要确保校长知道，如果情况不尽快改变，她最好准备好让我把萨尔和卡洛斯送回到她那里去！”

教师休息室里的负能量可能很浓，因为善意地发泄和谈论工作压力，可能会让同事转向你并询问你帮助的孩子的问题（“比利到底怎么了？”）或者提供不那么专业的意见来说明一些孩子在学校很困难的原因（“史密斯家的男孩都是一样的，我也教过他们的爸爸，他也一样古怪”）。在这种情况下，当我们努力去想如何应对时，会促使我们进行许多专业和道德思考。尽管我们仍然不喜欢在休息室里辩论或八卦孩子们的问题，但通过 WOWW 及其他 SFBT 教练式干预，我们已经学会了与同事们更多地共情，因为他们正在努力应对对时间和精力的诸多要求，以及学生们存在的各种复杂情况。

/ 教师也是普通人

教师休息室的故事，很容易让人们觉得教师和他们所说的学生一样古怪。也很容易让人们认为学校的心理健康工作者只是在一个很大程度上受控的环境中（他的办公室）为主要的当事人（通常是被转介的学生）提供帮助，而这些问题学生平时的问题行为只能交给老师、校长和训导员来处理。毕竟，我们大多数人没有明确的职责来监督、约束或纠正学生课堂上的行为；我们中的大多数人也不希望扮演双重角色，去管教那些我们正在咨询的学生。但我们是否能对教师同事感同身受呢？我们当中有多少人接触过“那些”班级，在那里我们知道孩子们可能会被吼叫，他们的特殊社交 / 情感需求会被忽视或最小化？如果我们能停止这些老师的限制性行为，看看孩子们的反应是否会有所不同，这不是更好吗？

老师不是怪物，学生也不是。老师们刚到学校工作时，都会兴奋地觉得自己能够让学生热爱学习，成为学生们尊敬的人。刚进入学校的新教师总是会报告“对学生的热爱”和“对教学的热情”是他们选择该职业的部分原因（Kelly & Northrup, 2015; Roehrig, Presley, & Talotta, 2002）。然而，研究表明，5 年后，虽然有 50% 的教师保持着同样的兴奋劲，但理想主义的教师会选择完全离开这个行业（Burke, Aubusson, Schuck, Buchanan, & Prescott, 2015; National Education Association, 2007），而这么高的离职率对学生的成绩有负面影响（Ronfeldt, Loeb, & Wyckoff, 2013）。在最初的几年里，一定发生了一些事情，使这么多教师得出同样的结论，即教学不适合他们。从教师留任和职业倦怠的研究中，我们能学到些什么？

首先，最重要的一点是，我们最好像看待当事人一样看待我们所有的教师同事：他们是复杂而有趣的个体，他们为自己的工作带来了许多优势和挑战。简而言之，教师也是普通人，如果说有什么区别的话，通过对他们进行像 WOWW 这样基于 SFBT 的干预，我们可以帮助他们在教学实践中展现出更多的人性光辉，同时也让他们有机会以适当的、以焦点解决的方式，与WOWW 教练和学生分担班级管理的压力。

正如我们在学校中基本上不承担纪律管理的任务一样，我们通常也不参与监督和评估教师的绩效（Constable, 2006），这可能是一种负担（不得不忍受有时似乎对学生怀有敌意的老师和学校环境），或者是运用 SFBT 的机会。我们提供的 WOWW 项目，可以帮助学校系统中的多个方面：帮助教师看到自己的优势，帮助学生更好地在团队中工作，帮助教师和学生学习如何更加相互尊重和对彼此负责，既保持教师的权威，同时也使学生能够以积极的方式发声并有目的地行动。

/ 历史

正如伯格和希尔茨(2005)所述，关于 WOWW 的想法来自希尔茨的妻子玛格丽特（Margaret），她分享了自己对所教的一些学生的担忧，以及她在尝试管理班级和推进课程时所面临的不同挑战。该项目在佛罗里达州启动后，已在其他州试行，包括我们在芝加哥合作的几所学校。

/ 技术

WOWW 是一种教练干预，这意味着焦点解决取向的实践者主要扮演教师顾问的角色。WOWW 教练将观察课堂并促进小组讨论，但教练不会像其他许多小组治疗那样，真的去领导小组干预——也就是说，教练不会按照特定顺序提供特定的治疗性干预。在 WOWW 中，SFBT 不同于其他更手册化的方法的基本原则很快就会显现出来：当事人（在本例中是教师及其学生）直接负责设定 WOWW 班级讨论的目标。就像在其他 SFBT 干预中一样，在最初的讨论中充满了提问，这些提问围绕着要求学生注意班级中已经发生的变化提出。与更传统的 SFBT 临床晤谈的不同之处在于，WOWW 教练已经观察了班级，并且能够以赞美、例外情况和应对策略的形式直接分享观察结果。这有助于完成第一次 WOWW 会谈的最终任务，即设置与学习环境相关的班级目标。工具箱 5-1 展示了我们的 WOWW 会谈中制定班级目标的示例。

工具箱 5-1 WOWW 教练干预过程

WOWW 项目阶段	详情
阶段 1：观察阶段（第 1～3 周，每次 1 小时）	向学生们介绍自己：“我将参观你们的教室，观察所有人做得好的和对班级有帮助的事情。我会把我看到的情况反馈给你们。” 记录所有学生的优势，等待学生向你介绍他们自己的优势，表明他们为下一阶段做好了准备。 分享你所看到的，并为创建班级目标做好准备。
阶段 2：与老师和学生一起制定班级目标（第 4 周或第 5 周）	与老师和全班同学一起，为班级设定目标（例如互相尊重），并要求他们将目前的尊重程度在 1 分到 10 分的量尺上打分。 让全班同学描述一下如果想从 7 分升到 8 分或 9 分需要做什么，并让同学们在接下来的一周里留意自己和他人的这些行为。 刻度化大家感兴趣的其他目标。
阶段 3：评估成功率并扩大（在后续的会谈中）	一旦了解了刻度化问题，老师们可以将量化的目标写在黑板上作为提醒，同学们将会更专注于实现每周设定的目标。放大班级在目标完成方面的进展，并根据需要重复。

Source：Adapted from Berg and Shilts（2005）.

WOWW 教练（在我们的工作中，通常是学校的心理健康工作者）观察班级情况 20～30 分钟，然后根据 SFBT 框架提出赞美和问题，帮助同学们认识到自己的优势，共同制订班级问题的解决方案，而不是只挑出几个问题学生。WOWW 教练的主要目标之一是消除班级中“少数”困难学生失去凝聚力和共同目标的倾向，通过将讨论的话题带回到全班同学认为他们想要改变的事情上，努力与更有挑战的学生建立合作，并认可那些已经遵守老师的规则并与他人合作良好的学生行为。

下面的对话是一个教练在班级观察和工作几次后，一次典型的 WOWW 班级讨论。这个案例来自我们在三年级班级中的工作：

WOWW 教练：大家好，我是凯利老师，在接下来的几个月里，我每周都会来你们班。我想先让这里所有能数到 10 的孩子举手示意，所有人？不错。现在，谁知道“完美”这个词是什么意思？

学生 1：它意味着非常非常好，好到不能再好。

WOWW 教练：好的，就是这个意思。我想让大家用一分钟的时间思考一下我们的班级，这个班级完美吗？

学生们：不！（笑）

WOWW 教练：没关系，我接触过的班级没有一个是完美的。在过去的一周中，如果用 1 分到 10 分来评估你们班的表现，10 分表示完美，你会评几分呢？

此时，WOWW 教练让学生写下他们的分数并匿名上交，然后 WOWW 教练和任课老师将结果制成表格。在这段时间里，WOWW 教练会注意班级表现中的优势，并要求大家说出老师指出的主要行为问题的例外情况，这些问题主要与班级午餐后的行为有关。继续我们的案例：

WOWW 教练：感谢投票，班级平均分是 6.5 分，绝对不完美，但也相当不错。如果下周你们的打分是 8 分，你认为大家需要做什么？大家的行为表现会有什么不同或需要完善的？

学生 2：我们会更好地排队，午餐后可以更多时间坐在座位上。

WOWW 教练：好，还有呢？

学生 3：老师第一次说话，我们就听老师讲，午餐后不用让老师尽力提高音量。（全班笑，包括老师）

WOWW 教练：太棒了，你们还需要做什么？

学生 4：对彼此好一点，午餐后我们有时在教室里大喊大叫。

到目前为止，WOWW 项目中的许多问题和方法是大家熟悉的。正如前面的示例，WOWW 教练喜欢首先要求学生诚实地评估他们的班级在特定问题上的表现（如听课情况或排队情况），然后让他们自己在 1 到 10 之间打分。接下来，WOWW 教练会从刻度化问题中提出更多问题，以帮助班级设定未来的目标。在这个案例中，学生们表示他们在午餐后行为表现的得分是 6.5，这个时间段看似是一天中很小的一部分，实际上却是下午的一个巨大的不稳定因素，因为许多学生还回不到正轨，而一些学生说他们不希望老师要尽力提高音量才能让班级安静下来。老师和学生都认为需要重点关注午餐后的这个时间段，通过提出刻度化问句，WOWW 教练能够评估全班认为未来一周里有多大的进展是现实的。

除了重视激发学生的内在优势，还要充分关注教师希望改变的班级状况。在班级讨论及放学后的复盘交流中，WOWW 教练都会邀请老师分享他们对学生的表现和改变的目标的看法。与其他使用花招或外部奖励的班级管理模式不同，WOWW 教练干预的目的是让教师和学生发现他们正在取得的小成功，然后做更多这些有效的事情，将这些成功转化为整个班级更大的成功。

教师复盘对于最大化 WOWW 项目的影响至关重要。在这些私下的交流中，教师与学生有同样的机会反思班级，并确定自己的能力和优势。下面是一个 WOWW 教练复盘的例子，来自前面讨论过的同一个班级：

WOWW 教练：感谢你与我会面，今天过得怎么样？

史密斯老师：真的很好，孩子们都很棒。在这些日子里，当他们吃完午饭回来的时候，我会不停地想情况会有什么变化。几乎太完美了。

WOWW 教练：这样的日子确实很棒，但也会有一点神经紧张。你有没有注意到你今天早上做了什么与往常不同的事情来帮助孩子们表现得这么好？

史密斯老师：没有，我想不起来什么……嗯……我今天早上给他们唱歌了。

WOWW 教练：等等，你……唱歌？

史密斯老师：是的，今天校长通知了精神日的班级歌唱比赛，我就跟同学们讲了我最喜欢的歌曲——ABBA 乐队的《舞蹈皇后》，孩子们说他们从没听过，我跟他们说一定要听一听。比利激我唱一下这首歌，所以我就唱了，孩子们都大笑起来，然后起立为我喝彩。

WOWW 教练：只是唱歌了吗？

史密斯老师：是的，我以前从来没有这样做过。我喜欢和家人一起在教堂唱歌，我想孩子们以前从没听过我唱歌。

WOWW 教练：太棒了！是什么让你认为这可能影响了他们今天的行为？

史密斯老师：我不确定，也许是因为孩子们玩得很开心，而那时才早上 8:15。或者他们看我心情很好，他们今天可以和我一起放松。

WOWW 教练：你说的“和你一起放松”是什么意思？当你发现孩子们的表现不同时，你会更加放松吗？

史密斯老师：对极了！孩子们完全从我这里得到线索，如果我很放松、很开心，我们会一起做得更好。

/ 一些相关研究

WOWW 于 2004 年被开发，它利用 SFBT 的理念和技术促进教师和学生在班级里的积极互动，心理健康工作者为教师和班级提供咨询服务。早期的研究初步表明，WOWW 有可能影响教师的自我效能感和他们避免倦怠的能力。就学生而言，一些积极的初步结果表明干预措施能够提高学生的出勤率和学习参与度。迄今为止，基于当前版本的 WOWW，已经发表了五项研究。

第一项研究（Kelly, Liscio, Bluestone-Miller, & Shilts, 2011）是由 WOWW 的开发者之一希尔茨和一个博士生（利肖）在佛罗里达州 12 所特殊教育中学进行的，考查了其在提高出勤率、改善学生行为和改善教师班级管理行为方面的效果。数据来自 WOWW 组的 105 名学生（他们的老师自愿加入治疗组）和 6 个对照班级的 101 名学生，用广义估计方程模型检验两组间成绩、缺勤、迟到、停课和州学业测试分数的差异。结果显示，在减少因故缺勤和迟到方面，WOWW 组显著优于对照组；但在无故缺勤方面，对照组的表现更好；在成绩、州学业测试分数和停课方面，两组之间没有显著差异。

第二项 WOWW 早期研究（Kelly & Bluestone-Miller, 2009）在伊利诺伊州的 20 所城市小学进行，旨在改善班级行为和教师的自我效能感。采用前测—后测设计，以方便取样得到的 21 名教师为样本，考查他们对班级管理技能的感知，以及他们如何感知学生的行为。研究人员为参与研究的教师开发了一个五点量表，并使用重复测量 t 检验考查差异。结果显示，教师认为班级整体表现变好的看法显著增加了 [$t(20)= 2.6$, $p <0.01$]，教师认为学生表现变好的看法也增加了 [$t(20)= 3.2$, $p <0.05$]，他们相信学生也会报告自己的行为变得更好 [$t(20)= 2.8$, $p <0.05$]，且提高了教师对其班级管理技能的积极看法 [$t(20)= 1.9$, $p <0.05$]。虽然这些结果表明 WOWW 可以改善教师的班级管理能力，但缺乏对照组、样本量小、强烈的社会赞许效应（教师知道自己在接受干预）、缺乏有效的测量、缺乏学生报告，这些局限性无法支持本研究对 WOWW 干预与积极结果间因果关系的推论。

在马萨诸塞州进行的一项 WOWW 研究（Berzin, O’Brien, & Tohn, 2012）考查了一个郊区学区的二年级班级，使用队列控制设计，包括前测和后测，所有感兴趣的班级都可以参与，最终招募了 9 名教师和 200 名学生，他们同意接受 WOWW 的干预。WOWW 组收集了学生的学业表现（如成绩单）和行为（如办公室转介和指导顾问访问）的数据，并将其与上一年二年级学生的官方结果进行了对比；使用《教师效能感量表》《教师压力量表》和《师生关系量表》中的一系列子量表收集教师数据。与激励学生、建立班级管理体系和课程调整有关的教师效能方面，干预后呈现出积极的趋势。然而，在教师压力及师生关系方面，干预后没有发现显著差异。结果还显示，根据学区成绩单数据，参加 WOWW 项目的学生能够改善他们的行为，增加学业上的努力程度；但在行为结果上没有发现显著差异。尽管该研究有局限性（例如没有直接的对照组，班级水平没有随机分配，对比数据有限），但 WOWW 在改善班级动力系统和学生表现方面仍然显示出积极趋势。

此外，WOWW 在英国也产生了一些影响。在过去几年中，英国至少开展了两项关于小学 WOWW 的研究（Brown, Powell, & Clark, 2012; Fernie & Chebbedu, 2016）。这些研究同样显示出 WOWW 作为教师教练干预的优势，两项研究都发现，教师和学生共同设定的班级行为目标和社会情感目标实现了，并在之后得到了维持。

尽管这些早期研究显示了 WOWW 干预的优势，但不同样本研究的不一致结果表明，未来研究需要完善干预方案，并采用更系统的研究设计来评估 WOWW。上述研究本质上是探索性研究，因此还不够严谨，无法收集保真度和过程数据，以证明干预的前景并改进干预方案。此外，还需要更多的证据来证明这种干预可以被成功应用于潜在的多种学校环境。

/ 未来

WOWW 对学校的心理健康工作者有一种直觉上的吸引力，他们试图找到积极且无威胁的方式来帮助教师和学生在班级中更好地共同发挥作用。这是一个很有前景的新想法，它试图利用 SFBT 的有效成分对班级行为、教师复原力和学生成绩产生有意义的影响。目前说 WOWW 能对学校中的这些重要变量产生积极影响还为时过早，我们希望将 WOWW 项目带到芝加哥及其周边的更多班级，并以更大的样本规模和更多对照组在这些环境中研究该项目。

一个重要问题是，如何最好地将这个项目“推荐”给学校。佛罗里达州最初的 WOWW 项目明确表示，教师参与是完全自愿的，我们在招募参与我们的初步研究的 7 名教师时也遵循了同样的原则（Kelly & Bluestone-Miller, 2009）。然而，在我们三所学校中的两所，校长显然渴望扩大 WOWW 项目的涵盖范围，他们要求所有教师都参与进来，尤其是那些校长认为可能会倦怠甚至有被解雇风险的教师，这给我们的研究团队带来了挑战，我们希望尊重校长的意愿，同时避免 WOWW 成为教师本已忙碌的生活中的另一个负担。最后，我们同意在未来一年推出一个更大的 WOWW 项目，那时将会考虑校长扩大该计划的期望，涵盖更多陷入困境的教师，从而避免了与校长的冲突。我们非常担心的是，WOWW 会被视为学校教师评估计划的延伸，同时 WOWW 教练会在某种程度上被视为校长和行政人员的“间谍”。

未来对 WOWW 计划的更大规模的实施和评估，将不得不面对这些问题。教师可能会对任何强制性的班级管理计划产生怀疑，而校长们希望看到 WOWW 项目的成果。其他的教师班级管理训练项目也存在这个问题（Marzano, 2003），随着我们更大规模地研究 WOWW，我们希望能在未来一段时间内应对这些实施方面的挑战。

聪明的学校心理健康工作者早就知道，学校的主要“客户”群体之一是他们的教师同事。WOWW 计划是一项教师教练干预，可帮助学校心理健康工作者将他们的干预目标定位在班级层面，以教师和教室为“客户”。这种干预已经在早期研究中初步显示出一些积极的结果，在未来几年，我们希望看到更大规模的研究，考查 WOWW 对教师班级管理风格、教师倦怠和学生变量（如学业成绩和出勤率）的影响。随着教师和学生关于产出的压力越来越大，我们相信学校心理健康工作者需要使用 WOWW 等班级干预措施来确定班级的优势，并帮助教师和学生更有效地合作。

第6章

三级干预框架：深度支持，从一个学生开始

中文版导读

三级干预的对象是那些在学习生活、社会适应等方面有重大问题的学生，一般需要心理老师、家庭治疗师、心理咨询师或精神科医生介入，并有可能涉及家庭亲子关系，三级干预的目标是促进学生心理康复。

本章展示了在不同的 K–12 学校环境中 SFBT 理念的灵活性和强大性，介绍了心理健康工作者如何通过多层支持系统和干预响应框架应用三级干预，以及如何利用三级干预方法（密集的个体辅导和团体辅导）来落实 SFBT 理念。

这些案例有针对学生的个体辅导、帮助学生家庭的三方会谈、深入学生所在的贫困社区实现其家庭成员的公平就业，以及针对焦虑学生的团体辅导，甚至有为那些祖辈隔代教养的老人们提供的 SFBT 支持性会谈。

SFBT 关注这些学生及其家庭的优势和能力，根据学生在校行为展示出的优势来界定困难之处，以便讨论如何增强其优势以改善问题，从而真正地帮助到学生。除分享学校心理老师的做法外，本章还以一例学校心理健康工作者卡罗尔与一个家庭会谈的文字记录来展示具体的 SFBT 会谈实践，帮助读者理解常见的问题导向谈话与 SFBT 会谈的区别。

本章还列举了几个颇具创意的学校实践，比如焦点解决社区组织者通过家长焦点小组邀请家长参与到学校的活动中来，并取得了良好的效果，借此消除了学校管理人员认为家长对孩子的教育漠不关心的偏见。

另外还介绍了应对焦虑的学生团体、为祖辈育孙赋能的团体，并分享了详细的操作流程和方法。通过这些，我们可以学习到 SFBT 在这些创意实践形式中一以贯之的核心理念，SFBT 的生命力就在于无论何时何地，我们都可以从小处着手，微小的变化可以引发大的改变！

文 / 骆宏

本章介绍了一系列案例研究，展示了学校的心理老师如何使SFBT适应他们的学校环境。通过运用多种不同的干预模式（家庭、小团体、宏观实践），这些心理老师展示了SFBT理念在学校环境中的灵活性和强大性，以及他们如何通过多层支持系统/干预响应框架很好地应用三级干预。

归根结底，在学校的SFBT研究只能给出这么多的方向、背景和启发。根据我们从讲授SFBT理念过程中得到的反馈，我们知道学校的心理老师需要并希望听到其他人是如何做的，他们是怎样将SFBT应用于他们自己的学校心理健康工作实践中的。本章提供了一系列简短的案例研究，在这些案例中，学校心理健康工作者：

- 使用SFBT技术改变案例研究评估会议的方向，更多地关注学生和家庭的优势（第三级）；
- 在学校心理健康诊所（第三级）开展由学校心理健康工作者领导的SFBT家庭治疗；
- 带领SFBT小组干预焦虑学生（第二级或第三级）；
- 制定聚焦于解决方案的需求评估，帮助学校心理健康工作者在贫困社区实现学生家庭健康和就业公平（第一级）；
- 利用祖辈教养孙辈的“老派智慧”（第二级），组织并举办为期8周的祖辈教养孙辈（grandparents raising grandchildren, GRGs）SFBT小组会谈（Newsome & Kelly, 2004）。

在可能的情况下，我们还为SFBT学校心理老师提供额外的资源，让他们知道自己如何采用这些实践理念。为保密起见，有关学校的关键识别信息已被更改，但所有的案例都是基于真实的实践者的工作，这些案例展示了如何将 SFBT 融入学校心理健康工作实践中。

/ 一个焦点解决案例研究过程

美国的学校心理健康工作者经常要参与案例研究评估（Gleason, 2007; Watkins & Kurtz, 2001），以确认他们的特殊教育服务资格。这些评估基于《残疾人教育促进法案》(*Individuals* with *Disabilities Education Improvement Act*, IDEA) 规则和要求中给出的诊断标准 (Altshuler & Kopels, 2003; Constable, 2006)，是缺陷模型的一种反映（该模型经常被用在特殊教育中的诊断标准上）(Gleason, 2007; House, 2002)。下面的案例展示了学校心理健康工作者如何以 SFBT 中的复原力和优势视角来进行例行的案例研究评估。

珍妮在她所在的小学里工作了 5 年，她决定在特殊教育评估方面做一些不同的事情。多年来，她一直处于课堂老师和校医院的医生给出报告之后、专家出示测试结果之前的中间位置。珍妮给出的大多数报告试图关注学生在常规教育和特殊教育中取得成功的优势和能力，但似乎总是达不到预期效果。她收集到的临床和家庭信息，主要是关于学生及其家庭不好的方面。尽管她试图弱化在评估学生及其家庭功能时所固有的更具诊断性的语言，她还是不确定学生的家人是否听到了她所展示的学生的任何优点，还是仅听到了“缺陷”和“障碍”之类的词。她还担心她的特殊教育团队倾向于关注家庭和学生的问题，而不是家庭系统的优势。

在参加了“洛约拉家庭与学校合作项目”提供的 SFBT 培训后，珍妮了解到两种评定量表，这可能有助于她完成报告的撰写，同时也可以将特殊教育评估过程的焦点转移到更关注学生的能力和优势上。这两个评定量表，即第二版的《行为与情绪评定量表》和《学校成功概况量表》(Bowen, Rose, & Bowen, 2005; Epstein & Sharma, 2004)。

为了改变特殊教育评估流程，珍妮从自己的访谈开始，利用 SFBT 的一些材料，她重构了学生访谈和家庭社会发展记录表，以便更多反映焦点解决和基于优势的理念(Gleason, 2007; Murphy, 1996)。在完成学生访谈并收到每个学生家长书面填写的社会发展研究报告后，她给家长打电话确认这些信息，并探讨其他哪些信息可能表明“在最初同意案例研究和开始案例研究会谈之前的这段时间，该学生已经开始在学业或行为表现上做出了改变 (即会谈前改变)”。最后，珍妮会要求家长和学生的任课老师各自完成一份《行为与情绪评定量表》，然后使用这些数据，根据学生已经展现的优势来帮助界定学生的困难和其他需要更多努力的方面或正在“出现”的问题。基于学生的动机和认知水平，她也会经常要求学生自己完成学生版《行为与情绪评定量表》，这样她就有三组关于学生优势导向的数据，以便进行三角互证和分享。

下一个非常重要的步骤是，将这些新数据和新观点转化为可以在学生特殊教育评估会议上分享的简明扼要的信息。这不是一件容易的事，每次会议只安排一个小时，并且从不缺少“问题谈话”，讨论特定学生为什么表现不佳或学习成绩不达标。珍妮选择不采用通常对学生的社会历史情况进行介绍的方式，而是使用《行为与情绪评定量表》中的数据来帮助她更专注于她看到的学生的优势，以及如何增强这些优势以改善问题，而该问题正是个案被转介到案例评估会议的原因。

/ SFBT 家庭治疗

将学校称为“社区学校”的文章越来越多，人们开始关注如何帮助整个家庭在课后获得学校服务(Anderson-Butcher, lachini，& Wade-Mdivanian, 2007)，这些服务包括课后辅导项目、为父母开设的英语课程（作为第二语言）、青少年职业培训项目和心理健康服务（Hammond & Reimer, 2006）。在接下来的案例中，一位与我们合作过的学校心理健康工作者，描述了她在学校接触的一个学生家庭，这个学生接受了六期 SFBT 治疗。

卡罗尔是芝加哥郊外福瑞斯特赛德（Forest Side）的一名学校心理健康工作者。这个地区 50% 的学生参加免费午餐计划。卡罗尔已经在该地区工作了 15 年，在此期间，她看到社区中以家庭为基础的心理健康服务几乎没有改善，这不利于她为最有需要的学生提供可靠的家庭治疗转诊。在过去的一年里，作为她职业发展目标的一部分，她决定利用 SFBT 的理念，通过在她的案例中似乎有重大家庭斗争的学生，实施一个强化的夜间家庭治疗计划。她与我们分享了她的一个案例。

香黛儿·托马斯是一名七年级的学生，与母亲、继父和两个弟弟一起住。托马斯夫人（现在是丹尼尔斯夫人，5 年前嫁给了丹尼尔斯先生，并与他生了两个孩子）从香黛儿出生起就一直住在福瑞斯特赛德。然而，香黛儿最近才搬回福瑞斯特赛德，与她的母亲和继父一起生活。2 年前，因为与母亲和继父发生了激烈的争吵，她搬到父亲家，因此过去 2 年她一直与父亲和他的女朋友住在芝加哥。现在她回到了卡罗尔的学校，正在进行一些行为和学业上的调整，因纪律问题多次被转介。卡罗尔发现香黛儿似乎与学校午餐厅里的其他女孩格格不入。下面是第一次家庭会谈，会谈中卡罗尔使用刻度化问句和奇迹问句来调动家庭，以探讨一些新的解决方案应对家庭和香黛儿的困境。

卡罗尔：你们好，欢迎来到学校！到我办公室可还顺利？

丹尼尔斯先生：当然，学校的工作人员带我们进来，并引导我们到你这里。

香黛儿：我知道你的办公室，所以我可以带他们过来！

卡罗尔：太好了，你可以给你父母当导游。你来这里的路上有没有给他们介绍其他的东西，比如你的教室在哪里？

香黛儿：没有，我刚来。他们可以有时间再去弗雷德里克老师的办公室——哦，我讨厌她！

丹尼尔斯夫人：香黛儿！别让我听到你这样说你的老师。你来这儿才一个月，就开始说你老师的坏话了。（转向卡罗尔）看，这就是她的方式，她不给任何人机会，想到什么说什么……

卡罗尔：香黛儿，我想知道，如果从 1 到 5 打分，1 分表示你在新学校一点儿都不舒服，5 分表示你在新学校很舒服，你觉得你在我们学校的评分是多少？

香黛儿：（毫不犹豫）哦，2 分。当然，我的意思是，这所学校也不是完全不好，但它一点儿也不像我以前在华盛顿的学校。

卡罗尔：所以 2 分是你对我们学校的评价。那么你会对华盛顿的学校的舒适度评几分呢？

香黛儿：肯定有 4 分，甚至是 5 分。我在那儿感觉很好。

丹尼尔斯夫人：她说得对。我前夫告诉我香黛儿在华盛顿的学校时，家里从来没接到过学校打来的电话，她甚至还在——你去的那个俱乐部叫什么来着？

香黛儿：那不是俱乐部，妈妈。我参加了戏剧表演，还参加了课后舞蹈课。

卡罗尔：所以你不仅对你在华盛顿上学期间的评价很高，课后还做了很多事情？

香黛儿：是的，那是个很棒的地方。

卡罗尔：有什么方法可以让你在我们学校做点儿什么，让它像你在华盛顿时的感觉呢？

香黛儿：嗯……我不知道。

卡罗尔：你在华盛顿做过什么事情，你认为也可以把它“带到”这里？

香黛儿：我想到了！我好像有东西落在了华盛顿，在我以前的表演老师那里。

卡罗尔：什么？

香黛儿：我的表演老师总是说我们在扮演自己的角色时必须保持智慧。他说我们都比观众更了解我们的角色，我们必须保持这种智慧，当我们在表演时，把它拿出来，这会让我们做得更好。

卡罗尔：太神奇了！他说你很有智慧，你多大了？

香黛儿：你知道我多大了，比他们两个年轻多了（指着妈妈，每个人都笑了）。

丹尼尔斯夫人：香黛儿，你疯了，拿这些开玩笑，我们是来讨论你的问题的！

卡罗尔：你知道吗，丹尼尔斯夫人，我觉得在某种程度上我们已经开始讨论香黛儿在我们学校的问题了。香黛儿，我能告诉你我在学校看到了什么吗？

香黛儿：可以呀！

卡罗尔：我和你的老师谈过了，他们都告诉我——包括弗雷德里克老师——毫无疑问你是他们班上聪明的孩子之一。你经常举手，与大家分享好东西。他们还说如果你完成了他们布置的作业，你第一季度的成绩将会全是A和B。

香黛儿：真的吗？我以为他们都讨厌我。他们总是看着我，好像我做错了什么。

丹尼尔斯先生：放学后和午餐室的问题怎么办？这才一个月，我们已经接到了学校打来的将近五个电话，让我们和香黛儿谈谈并接她回家。与人打架、顶嘴……这些情况必须停止。

香黛儿：他们总是找我麻烦！我告诉过你，这里没有人喜欢我（低下头，似乎准备离开房间或哭泣）！

卡罗尔：香黛儿，等一下。你继父说你在学校惹了麻烦，是真的，对吗？

香黛儿：是啊，但我还能做什么？其他女孩总是表现得好像学校是她们的，告诉我该坐在哪里，还有，哦，天啊，更不要提那些午餐管理员……他们很邪恶！

卡罗尔：好的，我现在明白你为什么给我们学校打 2 分了。我想让你和我一起尝试做一件事。让我们想象一下，今天离开这里后，你和父母一起回家，和弟弟们一起玩，做作业，然后睡觉。

香黛儿：这几乎就是我会做的。

卡罗尔：很好。但这是一个不同的夜晚，因为在你睡觉时，有一个奇迹会发生在你身上，当你醒来去学校时，你在学校遇到的所有问题和所有困扰你的事情都变得跟原来不同了。

香黛儿：所以……那些刻薄的女孩和老师都走了？

卡罗尔：不，奇迹发生在学校所有人身上，包括你，不同的是问题都消失了。

香黛儿：嗯。

卡罗尔：所以，你首先会注意到有什么不同？我先问你，然后再问你父母他们的答案。

香黛儿：（想了很久）我知道了，我会再次拥有我的智慧。

卡罗尔：再详细一点儿呢。

香黛儿：我在华盛顿表演和做我自己的时候的所有智慧，我能够取回这些智慧，并用它在这里反击。

卡罗尔：你能举个例子说明你所说的“用智慧反击”是什么意思吗？

香黛儿：当然，以我的智慧，我可以看穿女孩们说我的事情，然后去结交自己的朋友。

卡罗尔：还有呢？

香黛儿：当那些可恶的午餐管理员过来对我大喊大叫时，我会忍住不发脾气，只是看着他们并微笑着说“是的”，然后离开，坐到别的地方去。

卡罗尔：等等，“看穿”其他女孩的评论，忍住不对午餐管理员发火？凭你的智慧，你能做到吗？

香黛儿：对，我在华盛顿就是这么做的。那里也有刻薄的女孩。我想我只是更喜欢待在那里。

卡罗尔：那么，让我们进一步探索这个奇迹，我会问你父母同样的问题。如果奇迹发生了，香黛儿在学校情况好转的第一个迹象是什么？

丹尼尔斯夫人：香黛儿会很高兴去上学，在家里也不会那么难相处，（每个人都笑了）我必须说实话……

丹尼尔斯先生：你说得对，香黛儿，如果你在某个地方丢失了一些智慧，你真的需要去拿回它。我开车送你去拿回来（又是笑声）！

/ 焦点解决需求评估

目前 SFBT 文献中的空白之一，就包括 SFBT 在组织和社区环境中的应用。焦点解决社区组织最突出的一个例子，是冈萨洛·加尔扎独立高中，我们在第 4 章中详细讨论过。焦点解决社区组织者的概念可能听起来有点不靠谱，但事实上，这正是我们的一位同事所经历的，她参与了一系列以焦点解决为核心的小组，旨在帮助家长描述他们对孩子的期望，以及他们希望社区学校满足这些需求的方式。

萨拉是中西部城市当地社区一家心理健康机构的心理健康工作者。她所在的社区外联部门的目标是促进与市中心社区的学校建立合作伙伴关系，以增强家长或学校的参与度，并更多地利用该机构基于家庭的心理健康和职业服务。尽管这作为赠款资助项目的一部分，已经进行了两年的需求评估和外展服务，但萨拉和同事们发现很多面临贫困挑战的家长客户仍然难以联系到，并且他们没有充分利用该机构提供的服务。学校管理者也表示，他们对那些不参与孩子教育的家长感到很沮丧，他们似乎只有在“感觉高兴”时才来学校。这些抱怨对于教育工作者来说是很常见的，他们试图让贫困环境中的家长们也参与进来（Comer, 2005）。

作为她在新社区一所小学蒂尔曼 (Tillman) 开展工作的一部分，萨拉决定以一种新的方式进行所在机构的需求评估。她花了几天时间走访当地社区的企业、教堂等，并列出了一份 15 名社区利益相关者的名单，这些人都是蒂尔曼小学学生的家长，他们有兴趣参加焦点小组并讨论该机构的外展计划。当萨拉召集小组时，她使用了 SFBT 的奇迹问句推进讨论；“如果奇迹在一夜之间发生了，蒂尔曼变成了一个更受父母欢迎的地方，那会有什么不同呢？”答案很快就浮出水面：这些家长说，他们会把大部分非工作时间用来照顾年幼的孩子、找工作、在不同的健康照护机构处理自己的健康问题，或者在社会福利机构等待家庭服务。焦点小组成员表示，与以往不同的第一件事是，学校会有机构为他们提供帮助，这样他们也可以为了孩子更多地去学校。

萨拉和机构团队随后与家长焦点小组进行了头脑风暴，讨论蒂尔曼小学能提供的理想服务范围，以及最能帮助他们参与这些服务的形式。该小组一致认为，在每月的某一天举办一次“服务展览会”，这样他们可以优先安排这一天。他们还想知道这是否有助于学校为家长设计一个白天或晚上的项目，包括家长会和其他活动。值得注意的是，在第一次会谈中，萨拉决定不将学校教职工和行政管理人员包括在内，因为如果那样家长可能就不那么愿意自由发表评论，学校管理者也可能会立即处于防御状态（并开始反驳）。后续的会谈包括了焦点小组成员和学校管理人员。

萨拉联系了几家为社区提供福利和医疗服务的机构，惊讶地发现他们相当热切地接受了这个想法。（他们想为自己的服务进行创新拓展，并认为这是一个新想法）不到一个月，这个奇迹问句帮助蒂尔曼创造了一个小奇迹：每月一天的“服务展览会”，家长们可以在这里进行健康检查、联系当地的社会福利机构并会与孩子的老师见面。在过去的一年里，“服务展览会”每个月都在举行，并促使蒂尔曼的行政当局考虑其他能接触到家长的方式，尽管他们以前认为这些家长对孩子的教育漠不关心（Anderson-Butcher & Ashton, 2004）。

/ 学校 SFBT 团体

// 解决焦虑的方法

全美调查数据和健康专家将儿童焦虑视为一个日益严重且研究不足的问题（美国儿童和青少年精神病学家学会，2007 年）。有关儿童焦虑症有效治疗的文献强调认知行为疗法和药物干预相结合（Chorpita & Southam-Gerow, 2006），尽管该领域的大多数研究人员承认，需要进一步研究抗焦虑药物对儿童的长期影响（Pollock & Kuo, 2004）。在我们的实践中，最有前景的领域之一是帮助那些被认定为有学习障碍同时也有与他们的学校表现相关的一系列焦虑症状的学生。

工具箱 6-1 描述了为期八周的、焦点解决的小组干预，旨在帮助学生应对广泛性焦虑障碍和考试焦虑。小组活动是在一所小学的学生中进行的，小组包括 5 名五年级和六年级的女孩，她们要么被外部的心理健康机构诊断为广泛性焦虑障碍，要么在每周会谈（作为她们个别化教育计划的一部分）期间向我们描述了严重的焦虑症状。小组讨论连续 8 周在午餐时间进行，也就是在学生们吃午餐和相互社交时进行。

工具箱 6-1　为期 8 周的 SFBT 学生焦虑小组

第 1 次：介绍。获得参加项目的知情同意书，讨论小组的期望和目标（例如帮助学生确定如何调整他们在家里和学校的焦虑状态以及应对考试焦虑问题）。

第 2 次：课内作业。“这个学期你有什么学业 / 学校目标？”和“你希望参加这个持续 8 周的小组活动能达到什么目标？”使用奇迹问句。

第 3 次：使用刻度化问句（即“用 1 到 10 评分，1 表示你的学业 / 学校目标未达到，10 表示你的所有目标都已实现，你认为今天能为自己打几分呢？”）。下周的家庭作业：“你希望在学期结束时你的目标能达到几分？”在小组中提出“你将以什么方式实现这种增长？”（目标和未来方向）

第 4 次：复习第 3 次的家庭作业。小组讨论达成学业 / 学校目标的“成功迹象”。下周的家庭作业：首先，如果我问 ______ 先生 / 女士，你的 ______ 老师，他 / 她是如何注意到你在学业 / 学校目标方面取得成功的，你认为他 / 她会怎么说？（即关系问句）。其次，写下你接近 1 ～ 10 分量尺上的学期末目标分数时的成功迹象。

第 5 次：复习第 4 次的家庭作业。使用 SFBT 的 EARS 技术 [即引出（Elicit）、放大（Amplify）、强化（Reinforce）和重新开始（Start over）]。利用例外问句来扩大和强化现在和未来的变化。

第 6 次：重新审视刻度化问句。家庭作业：一封来自“更年长、更睿智的自己”的信（Dolan, 1995）。“想象一下，你已经成为一个健康、聪明的老人，而你正在回顾你生命中的这一时期。这个年长、睿智的人会给你什么建议来帮助你达到你现在的学业／学校目标？”

第7次：复习第6次的家庭作业。讨论“新”自我是如何出现的：使用EARS技术。

第8次：复习第7次的家庭作业，讨论挫折是很正常的事情。颁发成功证书。

Source: Adapted from Newsome(2004).

/ GRGs的焦点解决育儿小组

在过去的20年里，与祖父母一起生活的学龄儿童的数量持续增加。2000年美国人口普查数据显示，祖父母为户主的家庭中有超过450万儿童（Davies, 2002）。这群重新上岗的“父母”认为他们已经完成了对年幼孩子的责任，在艰难的家庭、职业和健康环境下，正在面临这一新的挑战（Fuller-Thomson & Minkler, 2000）。为解决我们学校社区中越来越多的祖父母抚养孙辈（GRGs）问题，我们开始提供专门为祖父母们设计的、为期8周的焦点解决育儿小组，我们在此总结了这些小组会谈的内容。

这里讨论的小组模式是一个为期8周的GRG“焦点小组”。小组成员在学校操场上集合，会谈通常安排在大多数祖父母能参加的时间。尽管将祖父母们与其他父母／看护人分开并不是绝对必要的，但我们建议SFBT新手先尝试首先针对这一特定人群实施团体计划，以了解祖父母们的特定需求，并与他们一起应用和测试SFBT理念。

小组会谈每周都有如下主题，这里还包括我们在每周会谈上向他们提出的示例问题，以及从我们之前在该领域的工作中得出的SFBT小组互动示例

（Newsome & Kelly, 2004）。前三周连续举行，之后改为每两周或每月举行一次，强调如下信念：祖父母们既可以相互支持，又可以在没有心理服务工作者帮助的情况下创造性地和有效地采取行动（Selekman, 1993）。

第 1 周：简介和导向 SFBT 的 GRG 理念

- 促使你到这里来的问题的最重要部分是什么?
- 你想先解决问题的哪一部分？
- 你对与孙辈相关的这个问题有何看法?
- 你想从这个小组中学到与这个问题相关的一件事是什么?

对于学校里的任何一个新团体来说，第一阶段都是至关重要的。在第一次活动中，我们让祖父母们有机会了解我们、了解小组的其他成员以及 SFBT 方法背后的基本理念。虽然 GRGs 有其特殊性，但团队成员之间合作解决问题的规范化模式是很重要的。因为变化将是小组的焦点，我们也渴望讨论 SFBT 如何看待变化过程，并将其与其他更基于缺陷的方法进行对比。这种方法使我们能够立即验证 GRGs 的经验和智慧，并真正表明他们是处理孙辈问题的专家，我们希望在项目过程中利用他们的专业知识解决问题。

第 2 周：确定您作为祖父母的标志性优势并运用到 GRG 使命中

- 作为抚养孙辈的祖父母，你的标志性优势是什么？（Peterson & Seligman, 2004）
- 作为祖父母抚养孙辈时，您如何利用自己的标志性优势?

在第二次会谈中，我们要求小组成员完成一份优势问卷，以帮助我们建构未来关于他们作为祖父母的优势的讨论。彼得森和塞利格曼（Peterson & Seligman, 2004）提供了“标志性优势”和美德的分类，以补充《精神疾病诊断与统计手册（第四版）》中描述的精神病理学类别，以及祖父母们可以在线获取的一种被称为《行动价值》(values in action, VIA) 的问卷。在第二次会谈中，我们开始使用 VIA 问卷以及书面练习和讨论，帮助小组成员分析他们在哪里使用以及如何使用他们作为祖父母抚养孙辈的优势。

使用 VIA 问卷对已经成为孙辈主要照顾者的祖父母非常有帮助。一位小组成员对迈克尔·凯利（本书的第二作者）说，她有点犹豫是否要与孙辈一起发挥她的艺术和想象能力（如绘画、涂色、建造东西或把家务变成游戏），因为她的女儿在世时抚养孩子非常严苛。通过使用 VIA 问卷和小组讨论，我们帮助这位成员确认了她的标志性优势，这位成员意识到她可以在尊重女儿的教育理念的同时把她的创造力运用到孙辈身上（Newsome & Kelly, 2004, p.73）。

第 3 周：从小处开始——小的改变如何变成大的解决方案

- 自从我们的小组成立以来，您注意到促使您来这里的主要问题有哪些改变?
- 您做了什么导致这些改变?
- 您需要做些什么来与您的孙辈保持这些变化?

在 SFBT 小组进行会谈的过程中，其中一段对话（示例）说明了上述问题的使用。

组长：欢迎大家回来。今晚，我们想首先讨论过去三周中影响您孙辈的问题得到改善的时刻，以及您作为祖父母都做了什么来帮助改善这些问题?

今晚有人能和我们分享一下吗？

瓦尔迪兹女士：我来，我认为我的孙子在学校越来越好了。

组长：真的吗？告诉我们你是怎么知道的。

瓦尔迪兹女士：嗯，是因为之前我的孙子在操场上遇到了麻烦——打架之类的，所以他们把我叫来。

组长：你说的“他们”是谁？

瓦尔迪兹女士：学校工作人员，他们希望他远离操场。

组长：这是因为他们认为您的孙子无法处理好操场上的事情吗？您见过他和其他孩子一起在操场上相处很好的时候吗？

瓦尔迪兹女士：见过，我告诉他们他会找到他的相处方式，我们只需要留意就行了。为了证明这一点，我去学校看他在操场上玩，我看到他独自一人，没有人和他一起玩。我想，“难怪他会有麻烦，他在努力寻找任何可能的方式去融入。我建议他是否可以和操场上的一些孩子一起踢足球，他喜欢踢足球，并且他最终做到了！

组长：你向学校展示了一些孩子可以找到自己的方式。你想到你的孙子喜欢踢足球，从而帮助他参与其中。而他在操场上打架的行为都消失了。

瓦尔迪兹女士：是的，只需要一些我们的关注，这就是这些孩子们需要的。

上面的小故事展示了小变化如何变成大的解决方案。更重要的是，对话说明了组长和瓦尔迪兹女士如何发现了一个例外，使这个问题（即在操场上打架）对她的孙子来说不那么严重了（即当他开始和其他孩子在操场上踢足球时）。同样，这有助于增加瓦尔迪兹女士作为她孙子的主要照顾者的希望和复原力，因为她在整个学年都面临着许多挑战和机会（Newsome & Kelly, 2004, pp.75—76）。

前三周小组会谈连续举行，在此之后改为每两周或每月举行一次，以强调如下信念：祖父母们既可以相互支持，又可以在没有心理服务工作者帮助的情况下创造性地和有效地采取行动（Selekman, 1993）。

第 4 周：什么已经在起作用？识别 GRG 抚养问题的例外情况

• 如果您能想象我们的最后一次会谈，那时您的问题变轻了，那么从现在到那时会有什么变化？

• 作为抚养孙辈的祖父母，您可能会先做哪一件事来让这种改变发生呢？

• 从 1 分到 10 分，1 分表示完全不适应您的新角色，10 分表示非常适应新角色，您觉得自己的适应程度能打几分？

• 如果从 6 分提高到 7 分，或从 7 分提高到 8 分，你的生活将会有什么不同？

几年前的一次小组会谈中的一段对话，说明了如何使用刻度化问句来寻找例外。

组长：今晚，我想让你们想一下你和孙辈一直在努力改变的事情，可以是你们在家里或学校里一直在做的事情。我希望你们按照 1 分到 10 分的等级来评价你认为孙辈表现得有多好，1 分表示非常差，10 分表示非常优秀。谁愿意先开始吗？

威尔逊女士：我的孙女，她和她哥哥吵得很厉害，尤其是他们做作业的时候。

组长：你如何评价她在过去几周与她哥哥的吵闹情况？从 1 分到 10 分，1 分表示非常过分，10 分表示一点也不过分。

威尔逊女士：在你问我之前我就在想。一开始，我会说这是非常过分的，我会给她打 1 分；但最近，我会说她一直在努力，我觉得能给她打 5 分或者 6 分。

组长：那 5 分或 6 分比以前好很多吗?

威尔逊女士：嗯，是的！她在 1 分附近徘徊太久了。

组长：你觉得是什么让她从 1 分升到 5 分?

威尔逊女士：我只是告诉她让她去另一个房间，然后就离开了。我不再对她大喊大叫——因为这些方式根本不管用。而且，这样做让她没人可以说话，很快她就表现良好了，开始说："奶奶，我会乖的，我保证。"

组长：那太棒了。你正在做一些不同的事情，这有助于她采取不同的行为方式。你认为你的孙女需要做些什么才能达到 7 分或 8 分？

威尔逊女士：如果她能到 7 分或 8 分那会很棒。我想如果她清楚地认识到我不让她惹她哥哥是认真的，她就会安静下来。那样她会达到 7 分或 8 分。

在这个小故事中，小组组长使用刻度化问句帮助威尔逊女士了解过去几周发生的积极变化。更重要的是，刻度化问句有助于开启一场关于威尔逊女士和她的孙女的进步和成长的讨论。通过使用刻度化问句，小组组长还能够挖掘出威尔逊女士解决两兄妹之间非常常见的问题的实践智慧（Newsome & Kelly, 2004, pp.77-78）。

第 5 周："做不同的事情的一天"：在与您的孙辈的日常生活中使用 SFBT 干预

- 作为抚养孙辈的祖父母，这周你可以做哪两件与你的问题相关的不同的事情?
- 想象一下，在做了这些不同的事情之后，可能会产生哪些影响?

第 6 周：维持变化：作为抚养孙辈的祖父母让变化持续发生的方法

- 作为抚养孙辈的祖父母，您这周做了哪两件不同的事情对于解决问题有帮助?

- 做了这些不同的事情后，结果有何不同？

第 7 周：祖父母的智慧之夜——长者分享他们的人生经验

- 回顾一下你在这个小组第 1 周的经历，你的“育儿角色”有什么不同？
- 在你的生活中，谁认为你是一个愿意分享智慧的人？

本次会谈，我们邀请到学校社区中的其他“长者”在小组讨论中分享他们的智慧。

第 8 周：改变派对：庆祝在 SFBT 的帮助下已经完成的改变和即将到来的变化

- 作为抚养孙辈的祖父母，您在自己身上发现了什么新的强有力的地方？
- 作为抚养孙辈的祖父母，您如何保持这个新的部分？
- 您从孙辈的优点和改变能力中学到了什么？
- 您在这个小组中学到的最重要的一课是什么，是谁教给您的？

为了与 SFBT 的理念保持一致，我们选择通过关注团体的积极方面来应对小组的结束，因此，我们有了一个“改变派对”。每个成员都带着自己的孙辈来到小组，分享过去三到四个月发生的变化，以及他们最欣赏的孙辈的某个优点（此时，每个成员都将自己的孙辈使用《行动价值》问卷，以获得可以利用的工具）。

虽然最后一次小组会谈的大部分时间都花在社交和娱乐上，但我们也鼓励祖父母们考虑与我们或小组其他成员建立某种非正式的联系，以帮助他们形成积极的解决方案和继续维持小组培养起来的关系（Newsome & Kelly,

2004 p.80)。

/ 未来

这只是一个焦点解决的学校心理健康工作人员利用 SFBT 理念干预的一个示例。读完本章后你有什么想法？你能想到在你学校社区中的某个地方或人群可能会从某些焦点解决干预中受益吗？从小处着手是个好主意，从一个班级或一群学生开始，毕竟，正如我们在第 2 章中所了解的，焦点解决实践告诉我们，小的变化可能会导致大的改变。从现在开始，从小处着手，在你的学校里好好运用焦点解决方法吧！

第 3 部分

实务篇

第 7 章

面对创伤的孩子，学校能做什么：SFBT 在儿童虐待与忽视中的实务指南

中文版导读

至少对于我们国家的一线大城市来说，儿童虐待和忽视是一个并不常见的议题，但并不代表这类问题不会发生。近年来，因为未成年人使用网络不当，被网友以色情照片勒索和欺凌的事情时有发生。对于东亚文化背景的家庭来说，家长很可能成为最后一个知道发生了什么的人。并且，对于家长能否帮助到自己，一部分学生也并非很有信心。那么，作为学校的辅导老师或者负责学生心理健康的学校心理老师，知道在这类情况下如何应对就变得很重要了。

学校是学生在家庭之外最重要的环境。对于那些正在承受或者遭遇过创伤的学生来说，与其关注虐待、忽视或这些事件本身，不如为他们提供安全感，同时帮助他们在学校建立信任和支持性的关系。这是由学校心理老师这一角色和职责决定的，我们可以做的是帮助这类学生转介更适合他们的治疗资源。

本章介绍了美国的儿童虐待情况以及相关的数据报告，从大脑神经科学的角度帮我们了解遭受过创伤的孩子在大脑功能上发生了怎样的变化，这会帮助我们理解这类学生的行为表现。

在面对这类孩子时，安全和信任的关系尤为重要。焦点解决实践在承认这些孩子所承受的痛苦和恐惧的同时，将注意力转移到学生在一些小的方面中表现出的“能行”的时刻、例外或实例上，以证明他们具有在混乱无序中成长的能力。

另外，作为需要接受和处理学生报告这类事件的老师和管理者，如何与学生进行沟通，“接得住”这一议题就变得非常重要了，在这一章节中，提供了数个对话案例供读者参考。焦点解决的对话技术有可能为那些有创伤的学生创造积极的体验，为学生建立一个安全的支持系统，这对帮助他们在生活中向前迈进至关重要。

文 / 骆宏

/ 孩子不只是受害者：学校中的虐待和创伤

学校心理老师承担着重要的责任，需要帮助学生应对很多生活中的挑战，如校园暴力、父母离婚、贫困、虐待、药物滥用和欺凌。本章展示了如何与遭受虐待的儿童建立关系及合作。

首先要强调的是，学校心理老师不是遭受忽视、虐待或创伤的受害者的主要治疗者。然而，鉴于学校是学生在家庭之外最重要的环境之一，学校心理老师无疑在报告虐待和忽视方面起到了重要的作用；同时，他们不仅要支持学生继续他们的生活，而且要支持他们茁壮成长。心理健康工作者的一个首要责任是帮助学校教职工更好地理解和重视全体学生在学校内对于安全和信任的需要，并协助学校创造一个更加民主和零容忍的氛围。学生如果能感到安全，感到被教师、行政人员和心理老师信任，他们更有可能愿意透露所遭受的忽视和虐待，从而让我们在核实其被忽视和虐待后更好地支持他们（Bannink, 2014; Olson, 2014）。对于那些正在遭受忽视或虐待创伤的儿童来说，与其关注忽视或虐待本身，不如为他们提供安全感，同时帮助他们在学校建立信任和支持性关系。这不仅是一个潜在的复原性因素，还可以创造更好的机会，让学生愿意向教师、心理健康工作者或行政人员透露一些他们的境况。

本章还涉及以下内容，以让读者更好地了解学校心理老师和学生的位置：①学校环境中学生和工作人员面临的背景和压力；②神经科学的研究如何证明，需要创造一种学校环境，以便在学校以及心理健康工作者与学生的关系中，提供真正的安全感和关怀；③关于学生在校期间的生活情况和后续发展行为的一项新的评估；④与学校心理老师互动的学生的年龄分布情况；⑤需要考虑的忽视和虐待问题的范围；⑥作为校内指定报告人和这些孩子的支持者所面临的挑战。

/ 美国的儿童虐待情况

儿童虐待有四种主要类型：①身体虐待；②性虐待；③情感虐待；④忽视。数据表明，在美国，报告了 67 万起虐待儿童案例（每千名儿童中有 9.2 名），大约 390 万儿童是至少一次虐待的受害者。数据还显示，在 2013 年，受虐儿童中有 9.0% 受到性虐待，79.5% 被忽视，18% 受到身体虐待，8.7% 受到情感虐待（儿童保护基金会,2014 年；美国卫生与公众服务部,2013 年）。

布莱恩特和米尔索姆（Bryant & Milsom，2005）发现，大多数虐待儿童的案例是由学校心理老师报告的，小学心理老师报告的案例数量显著多于高中心理老师。女孩第一次受虐待的平均年龄为 9.6 岁，男孩为 9.9 岁（美国教育部，2004）。为了更好地保护儿童，美国国会于 1974 年通过了《儿童虐待和处理法案》，该法案首次提出了强制报告的要求和虐待的定义。美国各州儿童受虐待的比率差异很大，以 2013 年为例，各州儿童遭受虐待的比率从 1.2‰到 19.6‰不等（儿童保护基金会，2014；美国卫生与公众服务部，2013）。

/ 神经科学及与学生的焦点解决互动

忽视和虐待能够使大脑的结构和功能产生巨大的变化，从而对行为，特别是对关系产生影响。神经科学的视角改变了对人们这些行为的看法，认为其更有可能是对感知到的威胁的一种防御。令人欣慰的是，教师、儿童保护工作者和学校心理老师也正在改变他们对这些行为的看法。神经科学的研究结果表明：与其思索“这个孩子出了什么问题”，不如去想“这个孩子经历了什么”。除了“发生了什么”，我们还要关注这个孩子将如何度过今天和接下来的日子，以及如何在学校和其他环境中茁壮成长，这才是学校心理老师可以发挥重要支持作用的领域。

斯蒂芬·波吉斯（Stephen Porges，2011）首先提出了“神经感知”（neuroception）这个术语，用来描述无意识的、时刻发生的关于安全的即时反应。觉察安全与危险是人的本能，自主神经系统每 1/4 秒就会对环境产生一次警觉，使人能够以比思维决策更快的速度对不安全的情境做出反应，这适用于与任何人的互动。奥尔森（Olson，2014）认为，安全的神经感知发生在当一个人感觉到他人是接纳的、非评判性的和有帮助的时候。当我们的神经感知到被批评、被拒绝，哪怕只是来自周围人的一种紧张、愤怒或恐惧情绪时，就会产生脆弱和不安全的感觉体验（Olson, 2014），我们的不安全感和对周围人的不信任感会急剧提升，这是生活在虐待或忽视中的人的一种特异性反应，这种反应是自发的，会引发防御性行为，诸如大喊大叫、攻击、打架、沉默或逃跑等。因此，当学生生活在一个被虐待、被忽视或高度紧张的环境时，即便是在学校，他们所体验的世界仍然是不安全、不值得信任的。

当学生发泄愤怒、变得退缩，甚至不能讲话或交谈时，他们是在对不安全感做出反应，促使他们产生上述一种或几种反应的，显然是来源于被虐待或被忽视的经历。学生的这些行为是本能性的自我保护反应，其在某一瞬间被触发，表现为好斗、逃跑或沉默与退缩。通常，这些反应会被视作有破坏性的课堂行为：打架或消极状态，不回应，看上去不能说话或不愿意说话。这些行为和态度也会引起学校心理老师的注意，这很可能是学生曾被忽视或被虐待的反映，或者是其处在一个非常有压力的环境中的后果。因此，那些被视作破坏性的行为，可能是要被忽视和虐待的线索和对学生的创伤性环境进行调整的契机。如前所述，校园的环境很可能是身体虐待和性虐待的干扰因素。

学校心理老师可以通过持续了解关于神经科学和创伤的最新知识而获益。关于创伤对人脑的影响的知识正在指数级增长，这能让我们对暴露在创伤下的儿童有更深的理解。

/ 安全和信任在康复和成长中的重要性

在处理忽视或虐待问题、应对生活在高压力环境中的学生时，SFBT 是建立安全工作关系的一个关键部分。目前的工作重点在于，以焦点解决的方法，报告疑似被忽视或被虐待的个案，并为受到忽视或虐待的学生提供支持。

信任和安全问题在与任何学生的合作中都是重中之重，特别是对经历了虐待的学生。焦点解决学校的心理老师尤其适合通过与学生和教师合作来建立一个安全的环境。焦点解决实践具有创造安全的工作关系的固有能力，心理老师关注学生的优势而不是问题，认为儿童拥有恢复和成长的可能，将学生视为他们自己生命历程的专家，将重点放在让学生获得成功、生存和成长上，学校心理老师帮助学生描绘自己的理想目标和更好未来的画面，即使是在非常小的方面。与许多创伤治疗的做法不同，焦点解决实践在承认忽视和虐待所带来的痛苦和恐惧的同时，将注意力转移到学生在一些小的方面表现出“我能行”的时刻、例外或实例上，以证明他们具有在混乱无序中成长的能力。重要的是，焦点解决实践理解学生的感受，并承认他们在校内的行为所表达的愤怒和痛苦，它相信学生有能力设想出更好的生活，因为他们是自己生活的专家。同时，焦点解决实践相信学生有能力将关注点放在那些事情已经或正在变得更好、更安全的时刻，以及感到更被信任的时刻。

SFBT 为学生提供了一个安全对话的环境，通过仔细倾听，肯定学生在情境觉察基础上的想法和信念，注意到学生身上的可能性并将其强化，既认可学生，也在学生的意识框架内仔细观察他们的想法。下面列举的是与学生建立肯定性关系的要点（Berg & Steiner, 2003, p.131）：

- 不要说教、质疑或试图说服……而要建立一种信任的关系，在这种关系中心理老师真诚地相信孩子有能力成长并真正信任他；
- 相信学生知道在学校对其来说什么是最好的、有帮助的；

- 专注于现在和不久的将来；
- 把重点放在行动上，而不是去领悟；
- 留心什么是有效的，即使只有一点点效果，也可以用来帮助建立可能的解决方案或取得更好的成果。

虽然对受虐儿童进行治疗不是学校心理老师的职责，但以下焦点解决的要素对建立信任和安全感非常有帮助，可以帮助学生成长：

- 即使是受虐待的儿童，无论受虐待程度有多严重，仍然保有功能良好的方面；
- 要从孩子健康的方面入手；
- 应该问问孩子们，他们希望自己的生活或处境发生什么样的正向变化；有时他们也与其他人一样，对想要的生活有自己的想法。

虽然伯格和斯坦纳（Kim · Berg & Steiner，2003）指的是对受虐儿童的实际治疗工作，但其支持性和关系建立的技能，同样是学校心理老师向学生提供支持的关键。

/ 作为一名法定报告人

识别可能的虐待情况是很复杂的，这使得教师和学校心理老师的工作非常困难。心理健康工作者在接受了儿童保护机构和其他培训服务后，可能需要承担法定报告人的角色和 / 或支持学生的角色，以帮助他们在学校环境中坚持下去。这些因素改变了学校心理老师的工作性质，也改变了学校心理老师与学生之间可能存在的关系。不论是否报告，这份责任都会给教师和心理健康工作者带来麻烦。如果报告被证明是错误的，因为进行了虚假指控，报告人可能会面临法院提起的诉讼；如果学校心理老师没有进行报告，法院也可能因其未进行报告而提起诉讼（Brown, Brack, & Mullis, 2008）。

因此，这个职责对任何学校心理老师来说都是个艰巨的任务。有两个相关的因素，一是在任何虐待或忽视事件发生之前学校心理老师与儿童之间的关系，二是在报告后维持这种关系（无论报告是否被核实）。如果已经做了报告，上述两项都会对学生与学校心理老师、学生与家长之间的关系产生影响。

对可能的忽视或虐待事件进行报告，对学生和心理老师之间的关系来说是一个挑战。正如我们所看到的，如果心理老师要在学校保持一个支持性的和值得信任的成年人形象，维持一种有效和信任的关系就非常重要。当处于法定报告人的位置时，有必要拥有一套简单的标准来证明报告的合理性，这些标准将依据学生的年龄和可获得的信息的性质而有所差异。伯格和斯坦纳（2003）指出，不要为了避免使事情变得更糟而对学生过度保护，同时，与学生的任何接触都不能是对抗性或争论性的。他们补充说，如果情况很紧急并且是极其残忍或暴力的，学生需要立即得到关注和保护，法定报告人就必须立即与当局联系，并提供对儿童的照顾，直到其得到法定的保护。

在许多情况下，学校心理老师面对的信息很有限，听到的不同故事间还可能互相冲突。显然，学校心理老师需要遵循当地儿童保护机构制定的所有准则。在决定是否报告疑似虐待案例前，需要与教师和其他工作人员进行协商。伯格和凯利（2000）提供了几个基本的评估要点，学校心理老师需要准备回答。

> 报告的忽视或虐待案例是否属于危机事件，例如，孩子来到学校，身体上有被虐待的痕迹，由孩子或证人（有一些确凿的虐待证据）报告其受到了身体虐待。
>
> （心理健康工作者）是否目睹了虐待或忽视的实际事件或迹象？（p.58）

此外，学校心理老师用以下方式来看待学生也是非常重要的：

- 任何受虐待的孩子，无论受虐程度有多严重，仍然有功能良好的方面。（Berg & Steiner, 2003, p.131）；

- 要从孩子健康的方面入手（Berg & Steiner, 2003, p.131）；

- 应该让学生积极参与到让他们在学校期间会有更好体验的活动中。请记住，作为一名学校心理老师，你要做的不是提供治疗，而要提供被称为 SFBT 教练的辅导。教练的重点是支持学生创造一个更积极、更安全的氛围，并助其在学校取得成功。基于学生的优势和能力来建构，并在困难时刻提供支持，在这些时候对他们是最有帮助的；

- 罗杰斯（1951）强调，如果在与心理健康工作者的接触中，当事人感受到真正的信任、同理心和真诚，他就会觉得被理解、被倾听和被欣赏。心理健康工作者不能虚情假意，而要学会真正去信任学生，相信学生有能力做到并取得成功。鉴于学校和教室内的吵闹情况，同时绩效评价时刻困扰着教师和学校心理老师，要保持上述立场并不容易（Carkuff & Berenson, 1967）。

/ 法定报告及其他方面

无论是否涉及忽视、身体虐待或性虐待，都改变了与学生相关的工作及与该工作相关的人员，如儿童保护机构、法院、家庭和治疗机构等。这些学生受到来自学业和行为表现压力的不当影响，也许已经遭遇困难，从而令学校心理老师注意到他们。如果学校心理老师一直在与这些学生接触，对虐待进行报告可能会给其与学生之间的关系带来挑战。

拉特纳和尤瑟夫（Ratner and Yusuf, 2015）指出，在可能存在伤害的时候，学校心理老师也许需要跳出 SFBT 方法。为了确定儿童的情况是否符合法定报告的基本要求，需要对相关情况提出具体的、非 SFBT 问题。他们用一个儿童回答“最好希望”问题的例子来说明这一点。在这个案例中，孩子的回答是“它会结束”，而对于进一步的面向未来的目标问题，答案依然如此。学校心理老师跳出 SFBT 的思路，问孩子“它”是什么意思。当孩子透露出存在欺凌行为时，用评估问题确定具体发生了什么，以保护孩子免受进一步伤害。正如拉特纳和尤瑟夫（2015）解释的那样：

> 无论是由于欺凌、自我伤害还是药物滥用等，当安全成为一个问题时，学校心理老师必须决定是否需要将其转介给能够更有效地处理这种情况的人……要尽量与其他同事一起做出重要的决定［同时，在发现虐待时，要报告给指定机构］（p.19）。

作为法定报告人，焦点解决学校心理老师有义务报告疑似的虐待或忽视情况。案例报告的过程各不相同，其建立在对引发怀疑的事实和可能的证据进行收集的基础上。如果虐待，特别是性虐待已被核实，一个经过专业训练的治疗师将承担起应对创伤的工作以帮助儿童康复。然而，重要的是，焦点解决学校心理老师可以通过持续的对话，在学生的生存方面加以协助，重点关注能力，保持正常的期望并支持其实现日常的成就。SFBT 使学生和教师在最简短的接触中，有机会以积极和赞赏的方式互动，这种互动将关注点从问题和弱点，转换为围绕积极的、支持性的关系而建立优势和可能。SFBT 的独特之处在于，它的使用促进了肯定性关系的建立，这种关系对有意义的变化、安全感和信任是必要的，进而使学生向心理健康工作者透露更多暗示性的信息。关系是人类发展的本质，在我们的一生中，不论在何种工作关系中，要想实现有意义的成长，都离不开关系（Frank & Frank, 1991; Hubble, Duncan & Miller, 1999）。

鉴于此，现在的问题就变成了如何在维持一种支持性和富有同情心的关系的同时，获取信息以核实报告并对学生提供生存支持。每个学生都很不同，每个年龄段的学生在沟通能力上也有差异，在询问他们和与其有重要关系的人（如家庭成员或其他“被信任的人”）的相处经历时，他们的回答也不同。具体来说，一个重要的方法是保持 SFBT 的立场，即接受学生的看法，相信学生可以分享当时让他舒适的内容，同时要识别出他们在进行创伤叙事时可能会产生的内疚和羞愧的感觉。学校心理老师不需要为了核实报告而去审问学生，那是儿童保护机构工作人员和儿童未来的治疗师的工作。这很大程度上取决于学校心理老师和学生在这种谈话之前建立的关系（如果存在这种关系的话）。要让学生知道，你并没有因为他们通过肢体语言、面部表情和叙述表达出来的东西感到尴尬、羞愧、不安或不相信他们。你的重点是支持学生，认同他们正在进行的这种表露的艰难，让学生感到被倾听、被信任。

在下面的访谈中，一个叫贝丝（Beth）的学生在心理老师的帮助下透露了一起性虐待事件：

学校心理老师：我很高兴我们能见面。你好像对一件重要的事情感到很担忧，我们的会面怎样才能对你有所帮助呢？

贝丝：嗯……是的……（环顾办公室）你知道我从来不是一个真正的好学生。我最近没怎么来上学，而且我的功课学得不好，就像我们上周谈过的那样。

学校心理老师：是的，你有时能来学校，但不像你希望的那样多。不过，我印象深刻的是，我们谈话后的这几周里你至少在努力地来学校。一定有很多事情使你很难像你希望的那样来学校。我很好奇，有没有什么事情可以谈一谈，哪怕可以对你有一点点帮助？

贝丝：也许……我不知道我能不能……我不确定……这很难，我不知道如果我说了这件事，会发生什么。

学校心理老师：如果你与我或其他人分享它，你觉得会有什么帮助吗？你觉得说出来会不会让情况好转……比如说想来学校？

贝丝：我不知道。可能会使事情变得更糟。

学校心理老师：如果事情可能变得更糟，那么它对你来说一定非常重要。

尽管如此，但听起来如果你能在这个问题上得到一些帮助，你更可能做你想做的事情，比如来上学，但这部分对你来说很难。我们能做些什么来帮你过渡到一个更好的状态，让你感觉更好呢？

此时，注意学生是如何开始分享她的经历的，可能是心理老师的接纳和支持给了她信任，让她开始面对这个情况。

贝丝：是我的舅舅……他经常过来和我们一起住，有时妈妈出去的话我们就和他在一起。我之前喜欢他，但上学期有一次他住在我家，他想吻我，我不知道该怎么做。现在，他说他爱我，他把他的手放在我身上，我的胸部，我只是站在那里，不知道该怎么做。我不想让妈妈知道，她会跟我发疯的。

学校心理老师：感谢你愿意通过与我分享来改善你的处境。我很理解，对你来说，保守这个秘密并试图保护你妈妈和她兄弟的关系一定极其困难。鉴于你的处境如此困难，我非常钦佩你照顾好自己的勇气。你有没有什么想法，能让情况好转，不让这件事再发生？

贝丝：我知道儿童保护机构，他们见了我的一些朋友和他们的家人。我不想离开我妈妈，我也不想她生我的气。

学校心理老师：我赞同你应该待在家里，并与你妈妈保持良好的关系。你知道的儿童保护机构，他们的工作就是帮助保护你和其他年轻人。我同意你的观点，待在家里并让家对你、你的兄弟姐妹还有你妈妈来说是一个安全的地方，是最理想的。从你所分享的内容来看，联系儿童保护机构是非常重要的，我认识那里的几个人，我希望我们能一起联系，从而使你的家更加安全，你愿意帮忙实现这一目标吗？

贝丝：应该可以……但我还是害怕妈妈会说什么，害怕她的兄弟。

学校心理老师：我理解你不想让你妈妈甚至你舅舅生气，这个决定的确很难。你觉得有什么好办法处理这件事，让你不必去应对你舅舅的行为，同时你可以感到安全？

贝丝：你认为儿童保护机构的工作人员可以帮助我告诉妈妈这件事，并在她知道后让事情好办一点吗？

学校心理老师：这正是他们为处在这种情况下的家庭所要做的工作，确保你是安全的，你的家人可以继续保持亲密关系，这很重要。工作人员有必要了解所发生的事情，然后在你的帮助下找到与你妈妈合作的最佳方式。你可以在学校与工作人员面谈，帮助他们了解情况，你觉得这样可以吗？

贝丝：可以，如果我可以先见他们……好的。

学校心理老师：那我现在就给他们打电话，然后告诉你后面的环节会如何进行。基本思路是，能够让你妈妈知道发生了什么，帮助她应对她的兄弟，并支持你。在学校我会一直在你身边，为你做的决定提供帮助，让事情向好的方向发展。

首先，作为一名法定报告人，即使孩子不希望，心理健康工作者也需要进行报告。但是，让学生对可能发生的事情有发言权，并知晓正在启动的帮助，通常是很重要的。如果证实确有虐待发生，心理健康工作者面临的挑战就是，与学生维持一种赞赏性的、有帮助的关系。会谈中一般会承认学生遇到的困难，但焦点在于能让学生确认有什么能帮助他们在学校的生活更可控。让贝丝说出当下需要什么才能继续走下去，心理健康工作者就可以确定她能够应对的能力水平，无论这些能力是上课、做作业、与朋友交谈、不经常打架，还是不那么悲伤，它们对康复的意义都可以得到赞赏。使用刻度化问句，可能合适，也可能不合适；如果使用的话，它们可以提供关于成功的额外支持性证据。

接下来的案例向我们展示了如何对一个高中生使用关系问句和刻度化问句。这个学生由于遭受虐待和忽视，被从她的亲生父母那里带走，最近被安置在她的第二个寄养家庭。由于该学生已经有一个社会服务机构的个案工作者和一个治疗师，学校心理老师的责任是关注她在学校的获得成功方面，而不是她在家里所经历的虐待和忽视。学校心理老师还应该帮助学生与他人建立支持性的关系。这个高中生一直在努力学习准备考试，但不是很有信心，担心无法通过考试。下面的对话能让我们看到学校心理老师如何帮助她获得信心，更重要的是，刻度化问句如何帮助她强化在学校环境中拥有的支持性关系。

杰基：我不确定能不能通过考试，我不能很清晰地思考。我的老师杰森女士说我能行，但我不知道。

学校心理老师：那么，杰森老师说她认为你能做到，你觉得她了解你的哪些方面，使她认为你能做到这一点？

杰基：我不知道，说不出来。

学校心理老师：你认识杰森老师大概有三个学期了吧？如果我们去问杰森老师，你认为她会怎么说？

杰基：是的，我的大部分英语课都是她教的。她很好，我在她的课上表现不错。

学校心理老师：我想知道你认为杰森老师会把你放在刻度尺的什么位置上。我的意思是，如果她用一个1分到10分的量尺，1分意味着你根本不可能通过考试，10分意味着她相信你可以做得非常好，你认为她会把你放在哪个位置？

杰基：不确定，也许是7分。她真的相信我能比现在表现更好。

学校心理老师：7分，这很好。杰森老师一定非常看重你这个人和你的能力。你认为是什么让她这么想？

杰基：我想我在她的课上表现很好，哪怕在家里情况不是很好的时候。我喜欢英语，也喜欢杰森老师。我在她的课上很努力，大多数时候我能得到一个好成绩。

学校心理老师：你是怎么做到的？我的意思是，在英语课上更加努力，取得一个好成绩；虽然可能不是最高的成绩，但你会说自己努力了。

杰基：如果我和杰森老师讨论我的学习，应该对我会有帮助。这在以前就很管用，我觉得她会帮我的，我只需要问她。

学校心理老师：那么，你打算怎么做呢？

杰基：我可以在课前或课后和她谈谈，她那时通常是有时间的。

学校心理老师：这个计划听起来不错。让我们看看你能做什么，也许这周晚些时候我们可以再谈谈，看这对你是否可行。

杰基：我今天就会试试，第四节是她的课。

学校心理老师：听起来不错，本周晚些时候见。

上面的例子听起来好像是对忽视或虐待问题的回避，但请记住，学校心理老师并不是在进行治疗；他们努力做的是，帮助学生培养优势和能力，让他们成长并做到最好。使用刻度化问句，让学生专注于思考老师会如何给她打分，这是精心设计的。这样做，学校心理老师不仅帮助学生了解了自己在量尺上的位置，还帮助学生强化了与一个关心她并相信她能力的重要人物的关系（在上面的例子中，是一位她喜爱的、给了她安全感并让成功成为可能的老师）。对于一个在许多方面被忽视、很可能感到被其他人抛弃的孩子来说，这是一种必要的体验。失去信任和安全感，是一个必须解决的问题，可以通过帮助学生在学校建立信任、支持和安全感，哪怕只由一位老师或学校的心理健康工作者来做这件事。聚焦于学生潜在的积极努力，帮助学生与成人建立更强的支持性关系，是建立信任和安全感的重要因素，可以弥补安全感不足的家庭经历对其的影响。

然而，对于已经证实的发生在家里或寄养家庭中的虐待所带来的挥之不去的后果又该怎么办呢？具有讽刺意味的是，如果这个学生一直在同一个学区，那么这所学校很可能是她唯一稳定和熟悉的地方。对这个女孩来说，重要的是生活能够继续，能够感受到其他成年人的支持和关心。学校可以在家庭或寄养机构的不稳定之外为学生提供一个“喘息”的场所；通过以适应学生年龄的方式承认其处境的艰难，并聚焦于学生是如何做到的，至少在学校里生存下去的想法被接受了（显然并不是没有痛苦的）。

学校心理老师能做的事情显然是有限制的。当报告被提交并被核实后，他们必须在学校环境中关注孩子。儿童保护机构将介入家庭，专业治疗师或专门从事虐待咨询的机构将与孩子一起进行康复治疗。然而，孩子可能更喜欢那个在其他方面一直陪伴他的人：焦点解决学校心理老师。因为被忽视或虐待而引起学校工作人员注意的学生，往往已经与学校心理老师有过某种形式的接触。这给了学生初步的安全感，让他们能够提供材料，从而可能形成一个案例报告；在报告之后，学生可能会认为学校心理老师是安全的，可以与之分享在学校的一些成功经验，哪怕只有一点点。

学生的年龄将会改变实践的本质，不同年龄对应着学生与心理老师之间不同的互动形式和理解水平。对于小学年龄段的学生，学校心理老师需要面对不同成熟程度与沟通能力的学生。这些学生与初中生不同，与高中生更加不同。身体、情感和社会性发展方面的成长过程反映了小学、初中和高中各阶段的情况。

伯格和斯坦纳（2003）以及伯格和凯利（2000）证明，即使是很小的孩子也知道什么会使自己的生活变得更好、更安全。作者针对这类想法列举说：孩子们希望父母或祖父母更多地在家里陪着他们，不必和阿姨待在一起，有朋友，不被欺负，不必来学校……通过询问澄清问题确认他们理想的目标很重要。下面的例子是一段与一个10岁男孩詹姆斯的对话，他是家中四个孩子中最年长的。

学校心理老师：嗨，詹姆斯，很高兴今天在这里见到你，谢谢你从课上赶来见我。

詹姆斯：我有麻烦了还是什么？

学校心理老师：你没有任何麻烦。你的老师杰森女士告诉我，你好像有伤到自己。她看到了你手臂上的伤痕，想让护士和我来确认一下你没事。约翰逊女士（学校护士）会帮你看看怎样让你更舒服点。我已经有几个星期没有看到你了。我看你穿了一件《星球大战》的衬衫，你在这部电影中最喜欢的人是谁？

詹姆斯：我喜欢楚巴卡。

学校心理老师：嗯，我也喜欢他。你喜欢他什么？

詹姆斯：他是真正的强者，是飞船上另一个人的朋友。

学校心理老师：他是个好朋友，会帮助他的朋友。谁是你最好的朋友？

詹姆斯：我想是威尔吧。去年夏天我们搬家了，然后就一直没能再见到他。

学校心理老师：你不得不离开你的朋友，我感到很遗憾。我相信他也在想念你。发生了什么事让你不得不搬走？

詹姆斯：爸爸走了，妈妈不得不带着我们搬到另一所房子。

学校心理老师：这个变化确实很大。你是如何交到新朋友的？

詹姆斯：我还没有真正交到像威尔那样的朋友。我和一些同龄人一起玩，妈妈想让我多和弟弟妹妹在一起，因为自从爸爸离开后，她的工作就特别多。

学校心理老师：听起来你现在承担了更多的责任，要照看你的弟弟和妹妹。照顾他们一定不容易，你是怎么做到的？

詹姆斯：嗯，有时也会不顺利，我和弟弟们就打起来了，伤就是这么来的（指着他的手臂）。他们不听我的话，总是生气，我们就经常打架。

学校心理老师：所以你的瘀伤是和你的弟弟们打架造成的。

詹姆斯：有时也和我妹妹打架。

学校心理老师：哇，他们也会受伤吗？

詹姆斯：有时会，但主要是我受伤。他们打我，打我的胳膊。

学校心理老师：我能看出这对你来说很难。那么，你认为怎样才能让情况改善，以后就不必和你的弟弟妹妹们打架了？

詹姆斯：我想如果妈妈不必做那么多工作的话，她就会在家多一些。

学校心理老师：那么，如果妈妈早点回家，怎样才能让你和弟弟妹妹们不打架呢？

詹姆斯：我就不用拦着他们出去，一直让他们待在家里。

学校心理老师：这很难，我能想象这是怎样发展成打架的。那么，如果妈妈早点回家，会有什么不同？

詹姆斯：大多数时候他们会听她的，她能让他们先别玩、去吃东西。

学校心理老师：我知道当你妈妈工作到很晚时，你要做很多事情。你是怎么做到尽力去帮忙的？

詹姆斯：我不知道，我就是这么做了。

学校心理老师：试图把你的弟弟妹妹们留在家里很不容易，大多数孩子放学后喜欢在外面跑来跑去。你尽力让他们待在家里是不是为了帮妈妈？

詹姆斯：是的，她工作很忙。

学校心理老师：看得出你非常关心妈妈，并尽力去帮助她，这有点像楚巴卡，这对年轻人来说是非常重要的责任。我想知道，詹姆斯，你能想到什么办法能在你妈妈工作时帮助照顾好家庭吗？

詹姆斯：我不知道。

学校心理老师：那么，在你妈妈工作的时候，有没有什么时候你不需要和你的弟弟妹妹们打架也能让他们留在家里？

詹姆斯：也许是我表姐过来的时候。她比较大，他们比较听她的话。

学校心理老师：所以，当你的表姐过来时，听起来她对你和你妈妈会有很大的帮助。

詹姆斯：是的，这样我就可以做我想做的事，不用和他们打架。

学校心理老师：这听起来对你和弟弟妹妹们来说更好。我想问你，是否可以让我联系一个我认识的人，她专门为家庭提供服务，改善他们的处境。如果我打电话给她，她会愿意与你和你妈妈谈谈，看看如何让你们的情况好一点。

詹姆斯：好吧。

学校心理老师：我看得出来，你妈妈爱你们每个人，并且非常努力地照顾你们。我相信，我打电话的那个人与你和妈妈见面，可以让你不需要再陷入和弟弟妹妹们的打架中。你觉得这样好吗？

詹姆斯：好的。

学校心理老师：我打电话后会给你一张纸条，告诉你相关进展。我相信楚巴卡也会希望如此。我们晚点再见面，到时我再跟你说说后面怎么做。我现在送你回教室吧。

上述访谈也可以进行得更直接一些，即，先问詹姆斯这些瘀伤是怎么来的，然后问别的。比如："詹姆斯，发生了什么？这些瘀伤是怎么来的？"然后，工作的重点就是通过收集家中发生的事情的细节和事实来理解这个问题。这似乎是一种典型的对话方式。然而，班宁克（Bannink，2014）指出："如果认为只有当问题被完全剖析，或给当事人所有的机会去阐释他们对问题的看法，才能真正了解问题，这是一种错误的认识。"（p.75）。重要的是，情况可能不会像刚才我们和詹姆斯一起描绘的那样，是一个完整的故事。焦点解决取向的方式，试图建立一种关系，使学生更有可能透露更多信息。这可以促进更好的理解并导向潜在的资源，如詹姆斯的表姐。尽管和弟弟妹妹们打架，但詹姆斯看起来是一个负责任的孩子。他的案例让我们对可能被认为是忽视的情况进行了合适的描述，并告诉我们儿童保护机构可能的后续工作重点。与儿童保护机构的联系，也可能在照看儿童和其他家庭生活方面帮助到詹姆斯的妈妈。

学校心理老师的基本姿态，是接受和支持所有学生。这对那些在忽视或虐待的家庭环境中长大的孩子来说尤其重要，因为他们很可能会表现出一系列的问题行为。在与受虐待的学生合作时，SFBT 可能是一个很有用的方法。焦点解决技术有可能为那些在家中经常被虐待的儿童创造积极的体验。最后，学校心理老师应聚焦于为学生建立一个安全的支持系统，这对帮助学生在生活中向前迈进至关重要。

第 8 章

与危机中的青少年对话：SFBT 在自杀风险干预中的应用

中文版导读

本章报告了青少年心理健康问题的普遍程度，这与我们在国内学校里做的学生心理测评及评估性访谈获取的数据相差无几，青少年的心理危机和自残自杀现象正在成为全球性问题。好消息是，各界人士都开始重视这一现象，并展开了与此相关的综合研究，各所学校在教育部门的倡导下，也积极地参与进来，对此达成的共识是，学生的心理健康问题的有效预防离不开早期识别和早期干预。

由于在社会中仍然存在对心理健康问题的污名化，学生和他们的父母可能不愿意在学校之外寻求心理健康服务。这类现状在全球各地都存在，说明学校的心理健康服务是非常必要的，虽然大多数学校的对应资源有限，但他们依然是学生心理健康服务的主要提供者。学校往往是第一个发现和应对学生心理问题的地方，如果心理健康问题得不到有效干预，学生可能会成绩下降，甚至会退学，也有可能会导致更严重的安全问题，如自伤自杀或伤害同学和老师。

传统的学校对“早识别早干预”的理解倾向于病理化模式，而现在学校的应对已转向系统性预防和针对性干预相结合的模式，通过培养能力、识别风险与保护因素来增强学生的复原力，保护性因素则是复原力的基石。研究发现，传统的自杀评估，往往只关注风险因素和自杀意念的水平，但资源导向的自杀评估会更看重学生现有的保护性因素。识别和消除风险因素，可能会减少自杀的发生，在减少风险因素的同时增强保护性因素，预防工作则会更加有效。焦点解决的方法很适合帮助学生增加保护性因素，焦点解决取向的学校心理老师通过关注学生的资源和优势、应对能力、例外情况和过去的成功，可以帮助当事人更好地应对困境，并从困境中发展出复原力。

本章提供了大量的对话案例去呈现焦点解决的会谈方式是如何应用于学生自杀评估性访谈的，这 12 项技术和方法对于学生自杀危机的干预工作指明了更具智慧的方向，即建立希望感。

文 / 骆宏

/ 青少年心理健康问题的普遍性

儿童和青少年的心理健康问题受到美国所有学校的持续关注。回顾青少年心理健康的统计数据后，我们就可以理解，为什么学校一直都很努力寻找有效的方法来满足学生的心理健康需求。例如，1999 年，美国卫生与公众服务部（United States Department of Health and Human Services，USDHHS）发表了《心理健康：来自卫生部长的报告》，显示大约“20% 的儿童被评估为有精神障碍，至少有轻度功能损伤”（p.46）。弗里德曼等人（1996 年；转引自 USDHHS，1999 年，p.46）还估计，9～17 岁的儿童青少年中大约 5%～9% 会达到“严重情绪障碍”的诊断标准。美国疾病控制和预防中心（Disease Control and Prevention，CDC）2013 年的一份报告还显示，“生活在美国的儿童中，有 13%～20% 的人曾在某一年经历过心理障碍”（p.2）。

梅里坎加斯等人（Merikangas et al.，2010）进行的一项综合研究，对美国青少年（13～19 岁）的心理健康障碍进行了细分，研究结果显示，31.9% 的青少年符合焦虑障碍的诊断标准，包括恐高症、广泛性焦虑障碍、社交恐惧症、特殊恐惧症、惊恐障碍、创伤后应激障碍和分离焦虑。他们还发现，样本中有 8.3% 符合严重焦虑障碍的诊断标准。此外，14.3% 的青少年受到心境障碍的困扰，如抑郁症、恶劣心境和 I 型或 II 型双相情感障碍。总样本中有 11.2% 的人被认为有严重的情绪障碍。本研究还评估了行为障碍的患病率，如注意力缺陷多动障碍、对立违抗障碍和品行障碍。研究人员发现，研究中 19.6% 的青少年符合行为障碍的标准，其中 9.6% 的人有严重的行为障碍。

梅里坎加斯等人（2010）还报告了研究中符合一种障碍诊断标准的青少

年的特定心理障碍的平均发病情况。结果表明，50% 符合焦虑障碍诊断标准的青少年在 6 岁前发病，50% 符合心境障碍诊断标准的青少年在 13 岁前发病，50% 符合行为障碍诊断标准的青少年在 11 岁前发病。此外，抑郁症和恶劣心境的发病率从 13～14 岁到 17～18 岁几乎翻了一倍（Merikangas et al., 2010）。美国精神疾病联盟（National Alliance on Mental Illness，NAMI, 2014）发布的报告指出:“所有的长程精神疾病在 14 岁之前发病，3/4 在 24 岁之前出现”（p.17）。这些统计数据表明了在学校提供全面的心理问题预防和干预的重要性，因为心理障碍的症状往往在小学或初中阶段就体现出来了。

美国青少年风险行为调查（national Youth Risk Behavior Survey，YRBS）报告表明，在美国公立或私立学校就读的九至十二年级学生中，被调查的学生中有 29.9% 表示他们在调查前的 12 个月中，有连续两周或更长的时间，几乎每天都感到非常悲伤或绝望，甚至中止了一些日常活动（USDHHS，2014，p.11）。调查结果还显示，“17.0% 的学生在调查前的 12 个月内，曾认真考虑过自杀”，13.6% 的学生“曾制订过自杀计划”（USDHHS，2014，pp.11—12）。虽然 1991—2009 年的调查结果显示这些统计数字有所下降，但 2009—2013 年的调查结果显示，曾认真考虑过自杀的学生（13.8%～17%）和制订过自杀计划的学生（10.9%～13.6%）的比例有所增加。2013 年的调查还发现，8% 的学生“在调查前的 12 个月内曾尝试自杀过一次或多次”，相比于 2009 年的 6.3% 有所上升（CDC，2013，p.1）。美国卫生统计中心提供的统计数据显示，自杀已经成为导致 15～24 岁个体死亡的第二大原因（首要原因是意外伤害）（CDC，2013）。在 2011 年之前，自杀曾连续几年都是 15～24 岁个体的第三大死因（CDC，2010）。

需要额外心理服务的学生数量之多，已经引起学校越来越多的关注。由于在我们的社会中仍然存在对心理健康问题的污名化，一些学生和他们的家庭可能不愿意在学校之外寻求这些服务（Murphey, Barry, & Vaugh, 2013）。这种不情愿的情况持续存在，也推动了学校的心理健康服务进一步发展。虽然大多数学校资源有限，但他们往往是儿童心理健康服务的主要提供者（Hoagwood & Erwin, 1997）。在许多情况下，学校是第一个发现和处理学生心理健康问题的地方。埃尔福德，纽瑟姆和罗克（Erford，Newsome & Rock，2007）强调，如果学生有心理健康方面的需求却没有得到帮助，可能会发展出更严重的问题，这可能会对他们的学业产生很大的负面影响。例如，如果心理健康问题得不到治疗，学生的成绩可能会下降，甚至会退学。此外，也可能导致更严重的安全问题，如自伤或伤害他人。美国精神病联盟在 2014 年 12 月的报告中指出，“获得及时、有效的心理健康服务的儿童和青少年，发展出惊人的复原力，能够应对重大的挑战，在学校、家庭和社区中茁壮成长”（pp.17-18）。因此，学校非常有必要带头对学生的心理健康问题进行有效预防、早期识别和早期干预。

/ 学生的风险因素和保护性因素

在对美国的青少年心理健康统计数据进行认真回顾后，2015 年，美国提出了《2015 年学校心理健康法》议案（2015a，2015b）。这些议案对现行《公共卫生服务法》进行修正。该修正案的一部分内容是，实施基于学校的综合性心理健康计划，采用公共卫生措施，以帮助那些经历过创伤和暴力的儿童。幸运的是，在学校里，我们正在摒弃传统的疾病模式，因为该模式仅仅在疾病发生后才提供治疗（O'Connell, Boat, & Warner, 2009）。相反，学校已经更多地转向预防和干预模式，通过培养能力、识别风险与保护性因素来增强学生的复原力。

拉克和帕特森（Rak & Patterson，1996）将复原力定义为“暴露在可识别的风险因素下的人克服这些风险并避免负面结果的能力，这些负面结果包括犯罪和行为问题、心理适应不良、学业困难和身体并发症等”（p.368）。此外，加拉西和阿科斯（Galassi & Akos，2007）指出，“复原力研究已经反复证明，与流行的看法相反，大多数人不会因为暴露在生活环境中而被永久地、不可逆地伤害”（p.33）。焦点解决等基于优势的方法的有效性得到了复原力研究结果的支持，即只要不是持久的逆境，人类的自我修正的倾向，就能使儿童发展为正常成人（Werner & Smith, 1992, p.202）。这些“自我修正的倾向”与焦点解决的假设一致，即“所有人都有能力改变”。换句话说，复原力是“健康的人类发展”过程的一部分（Bernard, 1991,p.18）。

在研究培养个人能力的方法时，研究人员也考虑了风险和保护性因素。马萨诸塞州卫生与公众服务执行办公室（Massachusetts Executive Office of Health and Human Services，MEOHHS）确定了风险和保护性因素的五个领域，即个人、同伴、家庭、学校和社区/社会（MEOHHS）。奥康内尔等人（O’Connell et al.，2009）将风险因素定义为“在生理、心理、家庭、社区或文化层面上的特征，与问题表现发生有较高可能性相关，且先于问题出现”。与青少年自杀行为相关的风险因素，包括攻击性和暴力行为（Walrath et al., 2001）、酒精和其他非法药物的使用（King et al., 2001；Wichstrom, 2000）、焦虑（Groholt, Ekeberg, Wichstrom, & Haldorsen, 2000; Ruchkin, Schwab- Stone, Koposov, Vermeiren, & King, 2003）、经历或目睹暴力（Brown, Cohen, Johnson, & Smailes, 1999; Ruchkin et al., 2003）、家庭苦难（Breton, Tousignant, Bergeron, & Berthiaume, 2002; King et al., 2001）、绝望（Csorba et al., 2003; Perkins & Hartless, 2002）和危险行为（Beautrais, 2001; Fergusson, Beautrais, & Horwood, 2003; Gray et al., 2002; King et al., 2001）。

奥康内尔等人（2009）将保护性因素定义为“生理、心理、家庭或社区（包括同伴和文化）层面的特征，与问题表现发生有较低可能性相关，或能减少风险因素对问题表现的负面影响”。保护性因素可以通过不同的方式发挥作用，例如保护儿童使其免于经历风险因素，降低儿童暴露于风险的可能，并减少风险因素的影响（Kids Matter, p.3-4）。此外，美国心理健康工作者协会（National Association of Social Workers，NASW）指出，保护性因素能够：

①成为发展复原力的基石；②在高风险情况下保护和培育青少年；③促进福祉；④减少青少年自杀的可能性（p.1）。保护性因素对抗自杀行为包括：与社区或学校的联系（美国公共卫生服务，1999）、应对和解决问题的技能（Piquet & Wagner，2003）、家庭支持（Perkins & Hartless，2002），以及积极的自我概念或自尊（Fergusson et al.，2003）。

沃尔什和埃格特（Walsh & Eggert，2007）开展了一项研究，包括 730 名在学校遇到问题的美国高中生。他们对这些学生进行自杀行为、风险因素和保护性因素方面的评估。根据对自杀行为评估的数据，学生被分为两个组：有自杀风险组（suicide risk，SR）和无自杀风险组（no-suicide risk，NSR）。对这两个组（SR 和 NSR）的风险和保护性因素相关数据的统计分析显示，与 NSR 青少年相比，SR 青少年报告的与情绪困扰有关的风险因素（抑郁、焦虑、绝望和愤怒）水平明显更高。尽管两组之间没有发现酒精和大麻使用方面的统计学差异，但 SR 组使用其他非法药物的水平明显更高。沃尔什和埃格特还发现，SR 青少年比 NSR 青少年更有可能参与高风险行为，目睹过暴力或受到过暴力的伤害（p.355）。在保护性因素方面，与 NSR 青少年相比，SR 青少年报告的保护性因素（自尊、个人控制、解决问题的能力、支持的数量、支持的可得性和家庭支持的满意度）的水平明显更低。

沃尔什和埃格特（2007）建议，将“检查保护性因素”（p.357）纳入 SR 评估中。加入这个评估项目有很多潜在用处，值得进一步研究。传统的自杀评估，往往只关注风险因素和自杀意念的水平，但优势导向的自杀评估认可学生现有的保护性因素。美国心理健康工作者协会指出，“识别和消除风险因素，可能会减少自杀的发生”，在减少风险因素的同时增强保护性因素，预防工作会更加有效（p.2）。然而，为了增强保护性因素，首先必须识别它们。焦点解决的方法很适合帮助学生增加保护性因素。焦点解决学校心理老师通过关注学生的优势、应对技能、例外情况和过去的成功，帮助当事人建构自己的复原能力。鉴于学校中有心理健康问题的学生人数众多，焦点解决取向的方法越来越受欢迎也就不足为奇了，因为该方法需要的时间很短、以学生为中心，而且是基于优势的。

/ 焦点解决与其他咨询方法的区别

大多数传统的咨询方法，为了解决问题，会把关注点放在发掘问题产生的原因上（Birdsall & Miller, 2002），但发现问题产生的原因并不总是能够帮到学生。例如，原因被确定或被强调时，学生会把它们当作“阻碍个人成长的替罪羊”或作为他们不能成功的理由（Skiare, 2005, p.14）。当学生面临着多种问题或正在萌生自杀意念时，如果治疗性谈话主要集中在他们的问题和原因上，他们可能会承受不了。在听过一些学生的故事后，你就不奇怪为什么他们会感到更加绝望或无助，也能理解为什么他们在咨询过程中闭口不言了。除了关注问题发生的原因外，许多咨询方法，如认知行为疗法（CBT），关注“避免目标”（Bannink, 2012, p.14），例如，传统的 CBT 学校心理老师可能会帮助学生制定“避免目标”，让他们明确在生活中不再想要什么，如“我不想再抑郁了”。CBT 学校心理老师经常扮演专家的角色，就学生如何解决他们的问题提出建议。

而一个典型的焦点解决学校心理老师，会促进与学生的对话，并协助学生制定“趋近目标”（Bannink, 2012, p.14）。当学生描述他们希望的未来和想要的生活时，就形成了趋近目标，例如“我想更快乐”或“我想交更多的朋友”。焦点解决取向的方法，将注意力和精力转移到去识别可能已经存在的解决方案上，而不是集中在问题上。焦点解决取向的归纳过程，类似于学生在学习中使用的试错法。基于与儿童一起工作的经验，伯格认为，儿童不需要或不想知道他们的问题是怎么产生的（Berg & Steiner, 2003）。相反，孩子们更愿意去尝试，看看什么对他们有效，什么对他们无效。在学校里使用焦点解决方法是有效的，因为它与“儿童思考和看待世界的方式”是一致的（Berg &

Steiner, 2003, p.xv）。它只需有限的时间，这个特征对于心理健康学校心理老师特别有益，因为他们有很多案例要处理，但没有那么多的时间（Littrell, Malia, & Vanderwood, 1995）。此外，学生更有可能参与到关注他们的积极特征而不是缺陷的咨询中（Sklare, 2005）。当与处于危机中的学生合作时，学生对咨询过程的认真参与是尤为重要的。

/ 布里的案例与自杀意念的识别

如何识别和应对学生的自杀意念，是许多心理健康学校心理老师最大的关注点和挑战之一。下面关于布里的案例研究，说明了焦点解决方法是如何应用于有自杀意念的学生身上的。

布里是一名 16 岁的高二学生，她的妈妈鼓励她去和学校心理老师伯恩斯女士见面。去年，布里曾与另一位学校心理健康辅导员合作过，这位辅导员在去年年底退休了。在预约的会面之前，伯恩斯老师还没有和布里合作过。布里过去曾有过焦虑和抑郁的经历，她现在更想退缩，在过去几个月里她对去学校更加抗拒。此外，她的成绩明显下降。每当妈妈问起布里为什么不想上学时，布里就闭口不言。布里的妈妈希望伯恩斯老师能够让孩子敞开心扉，这样她才能够得到需要的帮助。

我们可以从下列建议中，知道伯恩斯老师将如何对待她与布里的第一次会谈。这些建议适用于任何有自杀倾向的学生。请注意，焦点解决学校心理老师伯恩斯老师已经与布里完成了知情同意程序，尽管在下面描述的建议中没有提到。

1. 在对话开始时使用“非问题式谈话”，迅速发展与学生的关系

当与处于危机中的学生沟通时，要迅速建立融洽的关系，并且要找到一

种与学生联结的方式（Berg, 1994）。菲斯克（Fiske，2008）也指出，为了在咨询过程中与学生更好地联结，必须引起他们的注意，她建议焦点解决学校心理老师在开始咨询时，要关注那些对当事人来说“突出的、相关的、重要的”东西（p.7）。我们可以通过与学生进行“非问题式谈话”来发现这些信息（Henden, 2008, p.77）。亨登（Henden，2008）强调，在咨询关系的发展方面，会谈的前10分钟是至关重要的。学生可能会参与到咨询过程中，也可能内心开始退缩。在建立某种程度的友好关系之前，不要急于去谈论学生的问题。如果没有融洽的关系，学生和焦点解决学校心理老师之间的信任就很难建立。传达出以下核心要素：无条件积极关注、共情和一致性，也会对咨询关系产生重大影响（Rogers, 1951）。沙里、达莫迪和马登（Sharry，Darmody，& Madden,2002）指出，一个有效的焦点解决过程是在“传递富有同情心的理解，同时也传达一种信念，相信学生具有优势并能让事情发生改变”（p.387）。

基于青少年所处的发展阶段，他们中的一部分人在开始咨询时可能对成年人不信任（Hopson & Kim, 2004）。焦点解决学校心理老师在与学生，尤其是青少年沟通时，意识到这种潜在的挑战是有益的。幸运的是，“焦点解决疗法非常适合帮助处于危机中的青少年，因为他们所处的发展阶段可能会使他们对指导性的或基于问题的治疗方法感到反感”（Hopson & Kim, 2004, p.97）。亨顿（2008）指出，从基于问题的谈话转变为非问题式谈话，是“挖掘当事人的优势、个人技能和资源的好方法，即使还没有听到问题的任何细节”（p.77）。大多数焦点解决学校心理老师，会询问学生的兴趣、他们喜欢做的事情或者他们参与的活动/团体，无论是在校内还是校外。

下面是一个非问题式谈话的例子，可以引出这种有用的信息：

布里，当你不在学校的空闲时间里喜欢做什么？

对于那些非常沮丧并表示自己已经不再做自己喜欢的事情的学生，学校心理老师可以问这样的后续问题：

那么，在你感到非常沮丧之前，你做过什么喜欢的事情？

亨顿（2008）还提到，非问题式谈话可以达到以下四个目的：①使学生和学校心理老师之间的互动正常化，因为“这是一种平等的关系；而不是‘一上一下’”；②允许学校心理老师和学生认可学生的“优势、技能和资源”；③因为谈话重点不在学生的挑战或问题上，它为学生创造了一种“自己具备能力”的情境；④使焦点解决学校心理老师专注于学生本身，而不是学生的问题（pp.78-79）。此外，有必要记住，非问题式谈话并不是与学生的闲聊，它实际上是一个用于提高当事人参与度的有价值的治疗手段。

2. 让学生简要地描述他们的担忧

在与学生进行了最初的非问题式谈话后，焦点解决学校心理老师可以向来寻求帮助的学生询问以下问题之一：

布里，你希望我们一起达成什么目标？

布里，当你要求与我见面时，你希望会发生什么？（Hess, Magnuson, & Beeler, 2012）

通过这样的问题，学校心理老师就处于一个“不知晓”（not knowing）的位置，以帮助他们抵消关于学生情况和学生对自己的需求的先入为主的观念（De Jong & Berg, 2008, p.215）。为了消除学生的主要担忧，焦点解决学校心理老师可以问一些后续问题，例如：

在这种情况下，你最担忧的是什么？

对你来说最困难的部分是什么？（Hess et al., 2012, p.150）

如果学生是由其他人（如老师或家长/监护人）带来咨询的，学校心理老师可能需要以不同的方式去问这些问题。例如，可以问学生：

你认为（介绍学生过来的人）希望我们一起取得什么成果？

由他人介绍的学生可能更不愿意参与咨询，也不愿意分享信息，这是可以理解的，因为这些学生最初并不是主动要求帮助的。焦点解决学校心理老师在与学生合作时，要努力做到在好奇的同时保持尊重。表达尊重的一个简单方法是询问学生是否允许向其提出问题，特别是在问到敏感话题时。例如，可以问：

布里，我可以问你关于……的问题吗？

虽然这个问题看起来很多余，也很简单，但实际上它传递了很大程度的尊重，因为有些学生可能认为学校心理老师未经同意就提出的问题是很有侵犯性的。除了表达对学生的尊重，这个问题可能有助于建立强有力的治疗关系。

为了鼓励学生对问题进行简单的描述，学校心理老师可以问：

布里，关于你的情况，我了解些什么最能帮助到你？

这个问题也表达了对学生的尊重，因为它允许学生决定他/她觉得自己的什么信息对学校心理老师来说是最重要的。当与经历过创伤的学生一起工作时，多兰（Dolan，1991）会让他们只需透露“对疗愈必要的信息”（p.142）。重要的是，学生们觉得自己仍然对在咨询中分享的信息有着实质的控制权。此外，焦点解决学校心理老师需要向学生传达这样的信息，即他们感兴趣的是识别出那些会立即使学生受益的事物，而不是去发现和关注问题的成因（Fiske, 2008）。当焦点解决学校心理老师成功地传达了这一点，他们更有可能看到当事人：①更自由地敞开心扉；②参与到咨询过程中；③如果他们需要更多帮助的话，回来参加后续的咨询（Fiske, 2008）。

亨顿（2008）指出，一些批评焦点解决方法的人认为，焦点解决学校心理老师"对听取问题不感兴趣"（p.80）。亨顿对此做出了反驳，指出焦点解决学校心理老师确实会花时间倾听当事人的问题。事实上，沙里等人（2002）指出，焦点解决方法"并不恐惧问题或痛苦"（p.387）。并且，"当事人需要感觉到他们的问题和困难被严肃对待，他们的痛苦被承认，他们不会因为自己的问题而受到指责"（Sharry et al., p.387）。然而，焦点解决学校心理老师也意识到，将过多的时间完全集中在当事人的问题上，可能会对其产生反作用（Henden, 2008）。亨顿（2008）还说，如果当事人觉得他们的学校心理老师已经对他们的问题了解得足够多，他们就会回到"问题谈话"中去（p.105）。沙里等人（2002）也建议，当学生描述问题时，焦点解决心理老师应该积极倾听当事人已经运用过的优势和应对技巧。

3. 评估不一致的情况

尽管一部分学生可以通过言语和非言语信息，清楚地表明他们的自杀意念，也有人可能并没有提供一致的信息。此外，有自杀意念的学生可能在最初被直接问及这种想法时，会告诉学校心理老师自己并没有想要自杀。因此，建议焦点解决心理老师在倾听学生描述问题时，评估学生的言语和非言语交流之间的不一致情况（Henden, 2008）。不一致情况可能在警示，学生正在处理没有明确表达出的自杀意念。

4. 如果存在自杀意念，提出问题引导学生将其说出

当焦点解决学校心理老师担心（即使只是在直觉层面）学生可能有自杀

意念时，他们需要问一两个问题，引导学生说出其正在经历的任何隐藏的自杀意念。例如：

布里，我感觉到你现在正处在一个非常艰难的时期。我对你的情况理解得对吗？

如果学生表示他/她确实处在一个艰难的时期，那么就可以提出一个刻度化问句来快速评估情况。例如：

布里，在一个1分到10分的量尺上，1分代表非常不好，10分代表非常好，那么现在和我谈话的时候你感觉如何？

如果学生表示感觉不好，或者如果焦点解决学校心理老师感觉到学生可能有更深层次的担忧，可以问学生以下问题进行澄清：

布里，在一个1分到10分的量尺上，1分代表接近，10分代表完全不接近，你现在觉得自己有多接近结束自己的生命？

布里，在一个1分到10分的量尺上，1分代表非常有自杀倾向，10分代表完全没有自杀倾向，你现在觉得自己有多大的自杀倾向？

令人惊讶的是，当被问到一个刻度化问句时，许多学生都很诚实地透露了他们的自杀意念。由于一些学生也许难以选择描述性的词语来表达他们个人的痛苦，他们可能会发现用一个数字来表示他们的感受更容易些。这个简单的数字可以提供大量的信息，甚至有助于促成学生和学校心理老师之间进行有意义的对话。

5. 如果学生还没有准备好开始形成目标，就让学生参与“应对对话”

德荣和伯格（2008）强调，在确认了学生的自杀意念后，焦点解决学校心理老师需要了解学生是否有“即时能力”进入目标形成过程（p.233）。此外，他们还指出，与处在危机中的当事人合作的主要不同是，他们中较少有人会接受邀请参与到目标形成过程中。一些处于危机中的当事人，并不会快速进入目标形成和构建解决方案的过程，而是执着于他们的问题。因此，德荣和伯格建议，在这样的情况下，焦点解决学校心理老师应暂停目标形成过程，并转而向当事人提出应对问题。当时机合适的时候，可以将重心转回到构建解决方案的过程中。

应对问题有助于“发现恐惧的、不知所措的当事人在每天或每时每刻的应对中，所取得的很小但不可否认的成功”（De Jong & Berg, 2008, p.233）。例如，焦点解决学校心理老师可以通过以下问句来突出学生在应对方面取得的小成效：

布里，我有个问题。是什么让你今天早上从床上爬起来，按时到学校以及和我会面的？

德荣和伯格（2008）强调了识别当事人的“微成功”的重要性，尤其是在他们可能不堪重负或感到非常挫败的时候（p.233）。这些微小的成功随着时间的推移而积累，反过来可以帮助提升当事人的信心和能量水平。一旦当事人的信心和能量稍有增加，学校心理老师就可以“在有限的基础上回到目标形成上，通过使用刻度化问句来帮助学生制定下一步的应对措施”（p.233）。菲斯克（2008）还指出，焦点解决学校心理老师的一个重要角色是，帮助学生“制定更长的应对策略清单，包括更多的积极的替代方案”（p.157）。

以下的应对问题和表述是在亨顿（2008）原始版本的基础上稍作修改而

成的。这些问题是预设性的，旨在帮助学生建立希望感。此外，设计这些问题是为了给学生赋能，并对其予以肯定。开场问题可以这样问：

布里，告诉我在过去几周里，你什么时候最没有自杀倾向？

这个问题可以用来引出下面的应对问题：

布里，到现在为止，是什么阻止了你结束自己的生命？

设计这个问题是为了识别出让学生活下去的可能理由。菲斯克（2008）指出，“识别、强调和强化活着的理由，是与那些将自杀视为解决问题的方案的人进行有益对话的关键”（p.8）。也可以问：

布里，在过去的几周里，你做了什么，对你应对艰难处境产生了积极的影响？

如果学生与焦点解决学校心理老师分享其过去曾有过自杀意念，心理健康工作者可以问学生以下应对问题：

布里，当你有自杀念头时，你做了什么，帮助你度过了那段艰难的时间？

这个应对问题，鼓励学生探索他们已经拥有的应对技能，并识别出他们曾经成功地应对困境的时候（换句话说，强调“过去的成功”）。焦点解决学校心理老师也可以问刻度化问句，以获得关于学生当前应对能力的信息，例如：

布里，在一个1分到10分的量尺上，1分代表非常弱，10分代表非常强，你认为你现在和我谈话时的应对能力有多强?

这个应对问题非常重要，因为焦点解决学校心理老师可以用它来鼓励学生进行自我评估，看他们是否有能力使用现有的资源（应对技能），还是需要额外的资源。德荣和伯格（2008）指出，如果让当事人参与到应对对话中，而对话显示其目前的应对能力很低（如果有的话），那么当事人往往会意识到自己需要更多的特别关照和监督（p.233）。如果学生自己意识到需要更多的帮助，就更有可能接受帮助并参与到解决方案的构建过程中。

在传统的自杀意念评估中，非常强调对问题进行评估，目的是尽可能多地了解学生自杀意念的细节。例如，认知行为疗法（CBT）心理老师可能会使用常用的 PLAID 自杀评估流程（Plan，Lethalmeans，Attempts，Intent，Drugs/alcohol 计划、致命手段、尝试、意图、药物 / 酒精）来形成向学生提问的问题（Granello & Granello, 2007, p.47）。收集这些细节，往往是传统学校心理老师和学生之间谈话的重点。如上所述，与此相反，焦点解决学校心理老师会花更多的时间关注学生的应对技能和优势，而不是收集对于问题的详细描述。然而，有时焦点解决学校心理老师也可能需要收集关于问题的更多细节信息。在这些情况下，焦点解决学校心理老师可能会问：

布里，如果你依然决定结束你的生命，……

a. 假设你已经做了决定，你准备得如何？（这个问题也可以改成一个刻度化问句）

b. 你会使用什么方法？(Henden, 2008, p.129)

具有讽刺意味的是，与正式的问题评估相比，学生在应对对话中可能会分享更多关于他们问题的信息。德荣和伯格（2008）坚信，帮助有自杀倾向

的当事人 / 学生的最好机会是，通过问“应对问题”和鼓励学生“放大他们的答案”，来“调动他们的力量，重新建立对情绪和环境的控制感”（p.224）。

6. 承认、认可和正常化学生的感受

如果一个学生的自杀意念已经被识别，那么承认、认可和正常化该学生的感受就是非常重要的。

/ 承认

亨顿（2008）相信，有自杀倾向的当事人有一个“直觉雷达”，可以察觉心理健康工作者是否是“真诚的，并对他们遭受的痛苦和折磨有一定程度的理解”（p.91）。也可以说，许多青少年天性是非常敏锐的，可以觉察到成年人是否诚恳。因此，真诚地承认青少年的痛苦是非常重要的。例如，焦点解决学校心理老师可以这样说：

布里，从你说的你在家里的情况来看，我已经很清楚地知道你现在的处境有多困难。

通过承认他们的问题，学生更有可能感到被理解，从而参与到治疗关系中（Henden, 2008）。

/ 认可

除了承认学生的痛苦和挑战，认可他们的感受和自杀的想法也很重要。德荣和伯格（2008）指出，一些学校心理健康工作新手的第一个冲动是，试图去说服有自杀倾向的人，“自杀是不合逻辑的、危险的、对他人有害的，或自杀是对他们所处境况的扭曲的反应”（p.223）。然而，这对有自杀倾向的学生而言，可能会无意中增加他们自杀的风险（Henden, 2008）。通过反驳或挑战学生的想法，可能会使学生感到更加孤立，这显然会对治疗关系产生负面影响（De Jong & Berg, 2008）。青少年可能已经对成年人失去信任感了，不认可他们的看法很有可能会造成严重的后果。

一个传统的学校心理老师可能倾向去问：

布里，你拥有这么多值得为之生活的东西，你为什么会想自杀？

然而，问学生“为什么”他们做了（或正在做）什么，往往会使学生处于防御状态，对更多的内容闭口不谈。此外，“为什么”的问题无意中传达了学校心理老师的评判（Sharry et al., 2002）。相反，焦点解决学校心理老师发现，认可学生的想法和行为是一种更有建设性的方式，例如下面的陈述：

布里，基于你和我分享的这一切，你有一些自杀的想法是可以理解的。

通过认可并将学生的自杀意念看作是为一个棘手的问题寻找解决方案的尝试，焦点解决学校心理老师可以努力减少学生对其应对技能的羞耻感或不胜任感（Hawkes, Marsh, & Wilgosh, 1998）。此外，焦点解决学校心理老师希望与学生合作，找出他们过去使用过的更有效的应对方法。

/ 正常化

亨顿（2008）指出，“由于有自杀的想法和意念，许多有自杀倾向的人觉得自己一定会发疯”（p.92）。将学生的自杀意念或感觉正常化，对那些觉得自己正在失去对生活或思想的掌控感的人是很重要的。关于如何将学生的自杀意念正常化，亨顿（2008）提供了一个有用的例子：

> 生活中大多数人，在被严峻的情况困住或击垮时，会不时产生自杀的想法，这是正常人对不正常环境的正常反应。

这些有影响力的话语，能为那些害怕在应对自杀念头时寻求帮助的当事人带来很大的安慰和肯定。

7. 协助学生形成目标

请记住，有自杀倾向或处于危机中的学生，也是通过与其他当事人相同的过程来构建解决方案的（De Jong & Berg, 2008）。然而，如前所述，在有自杀倾向的学生准备进入目标形成阶段之前，可能需要与其进行应对对话。在开始制定目标时，焦点解决学校心理老师通常会问一个奇迹问句。但是，通常用于帮助没有危机的学生形成目标的典型奇迹问句，在用于有自杀意念的学生时，需要进行调整。

亨顿（2008）建议对奇迹问句进行调整，“让‘摆脱自杀的想法和感觉’变成期待的奇迹”（p.141）。下面是基于亨顿（2008）建议的一个例子：

> 让我们假设，当你今晚睡在床上时，一个奇迹发生了。这个奇迹就是，你所有的自杀想法和感觉都消失了。然而，因为你在睡觉，你并不知道这个奇迹已经发生了。当你第二天早上醒来时，对你来说，这个奇迹发生的第一个迹象会是什么？

在提出这个奇迹问句后，焦点解决学校心理老师会试图尽可能多地去了解学生当前所做之事的细节。这些细节将提供有价值的信息，用来帮助当事人制定他们的“SMART+”（small，measurable，achievable，relistic and time limited；即“小的、可测量的、可实现的、现实的、有时效性的”）目标，其中也包括“出现一些积极的行为，而不是让消极的行为消失”（Henden, 2008, p.81）。例如，焦点解决学校心理老师可以问：

布里，你将会做些什么？……还有什么？……好的，还有什么？

这里的重点是，识别学生的积极行为和行动。问一个关系问句也是很有用的，例如：

布里，其他人会注意到你在做什么？

通过问一个关系问句，鼓励学生以第三人称的角度看问题，学生可能更容易提供更丰富的细节和想法，而这些细节和想法又可以用来帮助制定目标。

当使用奇迹问句将焦点转移到学生想要的或试图通过自杀实现的目标上时，学校心理老师就可以巧妙地鼓励学生评估自杀是否是获得目标的最佳选择。德荣和伯格（2008）还建议根据每个当事人的不同情况来调整奇迹问句。他们解释说，如果当事人在生活中经历了重大创伤，“将‘缩小’作为一个奇迹是很重要的”（De Jong & Berg, 2008, p.220）。例如，奇迹也可以是让学生能够睡得更好一点，或者能够按时上学。

在与学生合作制定目标后，提出一个刻度化问句来评估学生完成目标的动机或信心，是很有帮助的。例如：

布里，在 1 分到 10 分的量尺上，1 分代表完全没有信心，10 分代表非常有信心，你对实现这个目标的信心如何？

这个问题可以很容易地调整为，问学生对其完成所确定的目标的“动机”究竟有多强。

8. 鼓励学生慢慢来，小步走

沙里等人（2002）解释说，为“那些沉浸在自己的问题中不能自拔而想自杀的人”制定目标，是很有挑战性的，可能很费时间（p.392）。然而，焦点解决学校心理老师需要慢慢来，并寻找其他方法鼓励学生树立积极的目标。梅特卡夫（Metcalf，1995）还指出，“改变需要时间”“随着时间的积累，最好的改变会出现”（p.86），因此，她鼓励学生“小步走”（p.86）。此外，梅特卡夫建议焦点解决学校心理老师告诫他们的学生在咨询中要慢慢来。有了这样的提醒，学生就不太可能会认为他们的进展缓慢是一种失败。亨顿（2008）也描述了鼓励当事人在咨询中采用“小步走”或“婴儿步”的重要性（p.148）。当与有自杀倾向或处于危机中的当事人合作时，亨顿调整了这一建议，鼓励当事人采用“非常非常小的步子”（p.148）。

9. 协助学生识别例外情况

焦点解决学校心理老师的一个重要任务是与学生一起去“挖掘希望”（Fiske, 2008, p.16）。由于绝望是自杀行为的主要风险因素，在有自杀意念的学生心中建立希望感就显得更为重要（Csorba et al., 2003; Perkins & Hartless, 2002）。焦点解决方法的一个基本假设是，没有什么问题是不变的，并且问题的强度是波动的（Murphy，1997）。挖掘希望并在此基础上建构的一个有效方法是，帮助学生识别例外情况（问题没有发生，不那么频繁或者不那么严重的时候）。

亨顿（2008）指出，通过问奇迹问句收集了信息后，寻找例外情况是很有帮助的。例如：

布里，我很想知道你的奇迹是否有一小部分已经发生了，或者今天正在发生。请告诉我更多关于你上次感觉好一点的情况。

所以，布里，我很好奇，你上次不那么想自杀的时候，做（或想）的事情和今天有什么不同？

后续问题可能包括：

你是怎么做到的？还有什么？……好的，还有什么？

你怎样做的那个决定？

通过这样做你发现了什么？

假如你再试一次，会发生什么？

其他可供选择的寻找例外的问题包括：

在你处于情绪危机中但没有考虑自杀的时候，与现在有什么不同？（Fiske, 2008, p46）

在你没有想到自杀的时候，与现在有什么不同？（Fiske, 2008, p.46）

后续问题放大了例外情况。墨菲（Murphy，1994）描述了 5—E 方法，旨在识别和运用学生在生活中存在的例外情况。焦点解决学校心理老师使用 5—E 方法可以帮助学生：①引导出问题不存在、不那么强烈或不那么频繁的时刻；②详细说明这些时候的情况和特点；③将这些确认的例外情况扩展到其他环境中；④使用预先设定的目标评估这些例外情况；⑤为当事人赋能，使其能够长期保持积极的变化（Murphy, 1994）。由于例外情况经常被忽视，所以焦点解决心理老师需要非常有意识地识别和放大这些“微小的解决方案”（Sharry et al., 2002, p.392）。

10. 赞美学生

赞美学生对凸显和强化学生的优势和资源非常有效。然而，焦点解决的赞美应该基于现实，而不仅仅是为了表现得友好或和善。焦点解决的赞美也有不同的形式，如直接的言语赞美和间接的言语赞美（Fiske, 2008）。直接的言语赞美是指焦点解决学校心理老师对学生在会谈中所分享的内容做出的积极反应或评价。例如：

哇，布里！我相信对你来说，要面对你朋友的伤害性言论一定很难，但你还是鼓起勇气做到了。

间接的言语赞美需要使用问句来邀请学生描述其所做的事情，以及对他们来说什么起了作用。例如：

哇，布里，你是怎么做到鼓起勇气去面对你朋友的伤害性言论的？

你的朋友注意到你在处理这种情况时做得好的地方是什么？

这两种类型的赞美都鼓励学生重新看待自己的能力。此外，它们还可以让学生在解释自己做事情的方式和内容时，进行自我表扬。

在疗程结束前给予的赞美，也可以引起学生的关注，并鼓励学生在疗程结束后更容易去完成治疗任务（Henden, 2008）。例如：

布里，在我们今天的谈话中，有几件事情让我印象深刻，那就是你有很大的决心让自己感觉更好，并且你非常愿意和我分享你的一些应对方法。你的做法给我留下了深刻的印象，尤其是我知道对你来说，向成年人敞开心扉并不容易。

11．提供过渡性陈述，并确定任务

焦点解决学校心理老师在给予赞美并开始进入结束本次会谈的步骤后，将使用过渡性陈述，以便与治疗任务联结起来。亨顿（2008）指出，“在某次

会谈结束时的过渡性陈述，最有可能指向在会谈中出现的一些内容，这些内容可以作为下一次会谈之前要完成的家庭作业中的一小步”（p.101）。例如：

布里，今天你提到，你在你祖母的养老院做志愿者时感觉好了一些。你是否有兴趣再多花些时间去那里帮忙？

如果这是发现学生的自杀意念后的第一次谈话，那么有必要将其通知给学生的父母或监护人。在这种情况下，可以使用一个过渡性陈述，让学生参与到这个通知中来。例如：

布里，在我们的会谈开始时，我们讨论了保密原则，以及我需要打破它的原因。我相信当我说我们需要让你妈妈知道你的自杀意念时，你并不会感到惊讶。你的安全真的很重要，我想确保我们为你提供一些额外的支持，因为你现在正体验着许多强烈的情绪。你希望如何联系你的妈妈？你想现在就在我的办公室给你妈妈打电话，还是希望我当着你的面给她打？

尽管学校心理老师告诉布里，他们需要联系她的妈妈，但仍然让布里选择如何联系。在与布里妈妈的谈话中，学校心理老师不仅与其分享了布里的自杀意念，还向她强调了布里的应对技巧，以及事情稍微好转时的例外情况。

12. 总结会谈

在与布里的妈妈谈话后，学校心理老师（伯恩斯女士）对会谈进行了总结。这个总结包括强调布里目前的应对技能和她过去应对困境的能力。学校心理老师还与布里确认了她计划完成的可能性治疗任务。会谈总结是咨询过程中的一个重要部分，不应被忽视。布里自杀意念的严重程度，将决定她是否需要外部援助，或是否要继续在学校与伯恩斯老师合作。无论采用哪种方式，这个最初的焦点解决咨询会谈都是为了建立希望，为布里赋能，并鼓励更多的建构解决活动。

“有智慧的人不会给出正确的答案，相反，有智慧的人提出正确的问题。”

改写自法国人类学家克洛德·列维—斯特劳斯（Claude Levi-Strauss）的这句话，很好地概括了焦点解决方法的内在价值。焦点解决学校心理老师不是学生生活的专家，即使是在与处于危机的学生沟通时，也不要求他们提供所有正确的答案。相反，焦点解决学校心理老师很幸运地拥有一系列强大而有效的治疗性问句，来与学生合作建构解决方案。此外，焦点解决取向有助于促进“希望的建立”过程，这对正在苦苦挣扎或感到无望的学生显得尤为重要。

亨顿（2008）向学校心理健康工作者提出了一些重要的问题：

> 关注希望难道不比关注绝望好吗？问什么有效难道不比问什么无效好吗？为人赋能，让其行动起来去为他们的困难建构自己的解决方案，难道不比直接干预他们好吗？（p.196）

回顾了焦点解决的研究和文献后，我们很难不对他的这三个问题做出坚定的回答：“是的。”

第 9 章

当“以瘦为美”变成痛苦：SFBT 如何干预青少年进食障碍

中文版导读

受社会流行文化的影响，进食障碍在中学阶段的青少年中，尤其是女生，成为学校心理老师遇到的最常见问题之一，很多时候学生并没有到可以被诊断为进食障碍的地步，但多多少少已经出现进食障碍的某种症状，比如神经性厌食、神经性贪食、暴饮暴食后催吐。本章给出了这三种不同类型的进食障碍的诊断标准。进食性障碍的产生有其大脑遗传的因素使然，不过研究更多地集中在社会心理因素，比如“以瘦为美”的压力，同伴群体的社交压力对人格因素的催化。

以往多采用纠正不合理信念的方式来改变当事人的行为，SFBT 为这类情况提出了新的思路，SFBT 没有停留在学生的消极想法或信念上，而是专注于帮助学生确定当问题不再存在时，他们想要什么（他们喜欢的未来），以及他们在过去是如何实现这些的（例外）。这对患有进食障碍的学生尤其有用。

研究表明，当使用传统治疗模式时，许多学生试图隐瞒或否认他们的问题，并避免寻求咨询帮助。由于 SFBT 合作属性，以及对学生世界观、目标确定和资源的强调，焦点解决增强了改变过程中的合作行为，让学生以一种非防御性的方式参与其中，并允许学生详细说明他们期望的目标是什么，以及如何实现这些目标的具体步骤。本章中给出了杰西卡的完整对话案例，供读者参考。

文 / 骆宏

/ 定义和说明

进食障碍在普通人群中并不十分普遍（Smink, van Hoeken, & Hoek, 2012），但被认定为学校心理老师最常遇到的问题之一（Kelly et al., 2015）。进食障碍大多与心理健康问题有关，这些问题会对学生的身体、情绪和心理健康产生负面影响（Slice, Marti, & Durant, 2011）。女性最为普遍，男性目前占所有病例的10%～25%，男性运动员的风险更高（Heller & Lu, 2015）。三种最主要的进食障碍是神经性厌食症（anorexia nervosa，AN）、神经性贪食症（bulimia nervosa，BN）和暴食症（binge-eating disorder，BED）。

据统计，在年轻女性中，神经性厌食症AN的患病率为0.4%（美国心理协会，American Psychological Association，APA，2013）。《精神疾病诊断与统计手册》第五版（DSM-5）用以下三个标准定义AN：①考虑到年龄、性别和身体健康情况，体重明显偏低，这种偏低是由于限制能量摄入导致的；②对增重有强烈的恐惧，或有持续的行为阻碍增重；③对自身体重或体型感知的障碍，体重或体型对自我评价的不当影响，或对目前体重过低的严重性认识不足。本质上来说，AN就是学生保持一种不健康的体重，低于与年龄、性别和身体健康情况相适应的正常水平。在AN中有两个子类型，分别为限制型和暴食/清除型。限制型包括通过节食、禁食和/或过度运动减轻体重，暴食/清除型包括暴饮暴食和清除行为，如自我诱导呕吐，滥用泻药、利尿剂等（APA, 2013）。

学校心理老师经常遇到的第二种常见的进食障碍是神经性贪食症BN。BN的患病率略高于AN，在年轻女性中大约为1%～1.5%（APA, 2013）。BN包括三个基本特征：

1. 反复发作的暴饮暴食（即在短时间内吃大量食物，对所食用食物的数量或类型缺乏控制）。

2. 重复发生不适当的行为以防止体重增加（即清除行为）。

3. 自我评价受体型和体重的过度影响。

要满足 DSM-5 的 BN 标准，暴饮暴食和清除行为需要平均每周发生一次，并持续三个月（APA, 2013）。与 AN 不同，患有 BN 的学生通常拥有与年龄和性别相匹配的正常体重或超重（Frank, 2015）。

学校心理老师可能遇到的第三种进食障碍是暴食症 BED。成年（18 岁及以上）女性的 BED 患病率约为 1.6%，成年男性的患病率约为 0.8%（APA, 2013）。要满足 DSM-5 的 BED 标准，BED 必须每周至少发生一次，持续三个月，而且学生必须在暴饮暴食方面经历明显的苦恼。此外，必须有反复发作的暴饮暴食，如前面描述的 BN。BED 的关键区分标准是，暴饮暴食的发作与以下三项或更多项有关：

- 迅速进食，超出学生的正常水平；
- 一直吃到感觉撑得不舒服才停止；
- 在不饿的时候吃大量的食物；
- 因为担心吃太多食物感到尴尬而一个人吃东西；
- 暴饮暴食后，对自己感到厌恶、抑郁或内疚。

需要满足所有这些标准才能诊断为 BED (APA, 2013)。

/ 什么导致了进食障碍

进食障碍通常发生在青春期和成年早期，并且可以一直持续到成年期

（Frank, 2015）。目前，我们对导致进食障碍的确切原因还知之甚少，但研究者已经提出了许多观点来帮助理解这个问题。研究表明，具有某些遗传特质的学生可能比其他学生更容易罹患进食障碍（Pomeroy & Browning, 2013）。弗兰克（Frank,2015）的一篇文章回顾了关于 AN 和 BN 的两项研究，这两项研究使用了磁共振成像技术，将被诊断患有两种进食障碍之一的女孩和成年女性的大脑图像与健康对照组的女孩和成年女性的大脑图像进行比较。弗兰克报告说："这些研究表明，急性 AN 和 BN 与整个大脑皮质结构的广泛改变有关，主要是皮质体积或厚度的减少，但 BN 样本也表现出了皮层体积的增大，表明这种情况可能与白质的重组或发展改变有关。"（p.602）。从遗传和生理学的角度对进食障碍的理解仍处于起步阶段；而且，还受到了诊断和症状的定义不一致的制约。但随着科学的进步，它持续受到广泛的关注（Trace, Baker, Penas-Lledo & Bulik, 2013）。

大多数研究集中在考查社会心理因素，这为进食障碍提供了更全面的理解。一些研究指出，对身体形象的关注和承受"以瘦为美"的压力是一个原因（Frank, 2015）。暴露在"以瘦为美"的理想身体形象下的学生，往往会将这种理想内化，而由此产生的对体重的担忧则会导致进食障碍（Keel & Forney, 2013）。斯蒂斯、马蒂和杜兰特（Stice，Marti & Durant，2011）的一篇研究论文进一步阐述道：

> 这个模型认为，从家庭、同龄人和媒体中感知到的保持瘦身的压力，以及"以瘦为美"标准的内化，导致个体对身体的不满。这种对身体的不满理论上会导致不健康的节食行为，而这可能会发展为神经性厌食症。此外，人们可能认为，在一定时期内限制饮食，就可以允许他们暴饮暴食但不会增加体重，这可能会形成一个严重节食—暴饮暴食的循环（p.623）。

除了身体形象的影响，研究者还发现了其他风险因素，这些对理解进食障碍都很有帮助。对体重的关注被认为是进食障碍的一个常见和一致的风险因素（Keel & Forney, 2013）。例如，在身体不满意组中排在前 24% 的青春期女孩，患进食障碍的可能性提高了 4 倍（Stice et al., 2011），此外，高度关注体重问题的大学女性，11.2% 的人会在三年内发展为进食障碍（Jacobi et al., 2011）。

同伴群体是学生患进食障碍的另一个重要风险因素。学生通常会与具有相似兴趣和价值观的其他学生进行社交。这种同伴社会化，有可能强化或加剧女孩和男孩对体重和体型的担忧，创造一种影响行为的氛围，从而导致学生患上进食障碍（Keel & Forney, 2013）。例如，扎尔塔和克尔（Zalta & Keel, 2006）开展的一项纵向研究，考查了同伴选择和社会化对大学生暴食症状的影响，发现人格因素在同伴选择中起着重要作用，而那些被选择的同伴反过来又影响了暴食症状。

/ 使用 SFBT 方法的原因

有很多方法可以帮助患有进食障碍的学生，可以从医学、公共卫生和心理健康工作的角度进行治疗干预。波莫罗伊和布朗宁（Pomeroy & Browning, 2013）注意到，有很多不同类型的治疗干预方式可以用于进食障碍，如药物干预、心理教育项目、体验疗法（如艺术和运动疗法）、营养疗法、家庭治疗、认知行为疗法、辩证行为疗法以及社交问题解决技能训练。其中许多干预方法的最终目标是通过纠正扭曲的思维和提供心理教育来帮助当事人改变行为，重新塑造健康的身体形象，从而恢复健康的身体机能。

SFBT 为患有进食障碍的学生提供了另一种治疗方式，可以作为单独的治疗方式，也可以与其他治疗方法（如心理教育、家庭治疗或营养治疗）结合使用。SFBT 没有停留在学生的消极想法或信念上，而是专注于帮助学生确定当问题不再存在时，他们想要什么（他们喜欢的未来），以及他们在过去是如何实现这些的（例外）。这对患有进食障碍的学生尤其有用，因为有研究表明，当使用传统治疗模式时，许多学生试图隐瞒或否认他们的问题，并避免寻求咨询帮助（Smink et al., 2012）。由于SFBT合作性的本质以及其对学生世界观、目标确定和资源的强调，SFBT增强了改变过程中的合作行为（Martin, Guterman, & Shantz, 2012）。它让学生以一种非防御性的方式参与其中，并允许学生详细说明他们期望的目标是什么，以及如何实现这些目标的具体步骤。

/ 案例

在这个案例中一个学校心理老师使用SFBT方法与一个有进食障碍的学生进行了第一次对话。

// 背景信息

杰西卡是中央山谷高中的一名16岁高三学生。她是一名优等生，参加了校越野队和校游泳队，并为中央山谷的戏剧俱乐部设计布景。她在学校的表现一直很好，而且看起来很快乐，适应能力也很强，所以这是她第一次与学校的心理老师交谈。

第1部分：开始对话

学校心理老师：（School social worker, SSW）：你好，杰西卡，今天很高兴见到你，谢谢你的到来。

杰西卡：不客气，谢谢你能见我。

学校心理老师：不客气！从你的档案来看，你的成绩非常好——对你来说是好事，而且今年你还加入了校游泳队，好棒！

杰西卡：（害羞地）是的，还有越野队。

学校心理老师：哦，天啊，你是怎么成为一个如此优秀的运动员的？

杰西卡：嗯……我猜是因为很多练习，还有我的基因。我妈妈高中时是网球冠军，我爸爸是足球队的成员。

在第 1 部分中，学校心理老师以一种特别的方式来开始对话，这种方式很容易与学生建立联结，并立即传达了关怀和尊重。她通过感谢学生的到来，并询问她的优势来实现这一点。通过这种方式开始对话，学校心理老师表明她将学生视为一个完整的人，并想在了解学生的问题之前先了解有关她的事情。她还抓住机会赞美了学生，这是一个重要的 SFBT 技术，其作用是将学生的注意力吸引到他们的优势和过去的成功上，这可能有助于实现他们的目标（p.35），同时也帮助他们"变得更有希望和信心"（De Jong & Berg, 2008, p.35）。

第 2 部分：开始确定学生希望有什么不同

学校心理老师：基因和练习，嗯，那很好。那么，在我们进一步讨论之前，我想问问你，就你今天的来访而言，你希望我能如何帮到你？

杰西卡：嗯……我真的来了，因为我的朋友蒂亚要我来。她注意到我……嗯……这很蠢，我甚至觉得说出来都很蠢，我不能说出来。

学校心理老师：这没关系。我认为你今天有足够的勇气决定来这里，这真的很酷。你是如何让自己这么做的？

杰西卡：嗯……我想我知道蒂亚是对的，我需要一些帮助。

学校心理老师：好的，所以你需要一些帮助。如果你不介意我问的话，你注意到自己的哪些方面在告诉你需要帮助？

杰西卡：我吃得不够。哦，天啊，我不敢相信我说出来了！（停顿）就像，我早餐吃一个橙子，午餐喝一杯酸奶。我不敢相信我会告诉你这些！

学校心理老师：哇，好吧。所以，你觉得你真的吃得不够。

杰西卡：是的，我吃得不够。另一部分是……好吧，我真的不知道我能不能告诉你另一部分。

学校心理老师：好的。

杰西卡：嗯……我经常锻炼。比我朋友多得多。我五点起床去健身房锻炼一个小时，然后去上学，在学校也会训练，我在家里睡觉前再锻炼一个小时。

学校心理老师：嗯，是的，听起来确实很多。我敢打赌，这一定很累！

杰西卡：(点头）是的。

在这一部分，学校心理老师会问一些问题，比如“你希望我能如何帮助你？”以及“你从自己身上发现了什么，让你觉得自己需要帮助？”，来引出学生对问题的理解，以及她想要如何做些不同的事。在 SFBT 的这个开始阶段，我们听到了“问题谈话”，或者当事人从她自己的角度对问题的描述。然后，我们将对话引入到“解决谈话”中，在这个对话中，我们开始思考并描述当来访者的问题得到解决时，会有什么不同 (De Jong & Berg, 2008)。

第 3 部分：开始解决谈话

学校心理老师：我能问你一个可能需要你考虑一会儿的问题吗？

杰西卡：好的。

学校心理老师：假设我们今天进行了一场精彩的对话，对你真的很有帮助。事实上，它的确非常有帮助，它真的可以让你继续做出一些改变。然后假设今天晚些时候，明天，后天，或者本周晚些时候，你开始注意到这些变化。你有什么不同之处可以证明你今天和我谈话真的是有帮助的？

杰西卡：哇，这是一个很难的问题。(沉默）好吧，问题是我想改变，我知道我需要多吃一点、少锻炼一点，但我也不想改变。当我这样做的时候，我感觉好多了，你知道吗？尽管我知道这是错的。

学校心理老师：嗯，所以你的一部分想要改变，另一部分不想改变。嗯……我只是好奇，关于你想要改变的那部分，我能只问你关于那部分的事吗？

杰西卡：嗯。

学校心理老师：那么，对你想要改变的那部分，是什么告诉你那部分改变现在对你很重要?

杰西卡：那部分的我知道我做的事情是不健康的，它想让我多吃多休息，而不是把所有的时间都花在锻炼上。它认为……我不确定，那些改变就像正确的事情。

学校心理老师：哇，你的那部分听起来很聪明。做正确的事，嗯？是什么告诉你多吃多休息而不要过多锻炼是正确的做法?

杰西卡：嗯，这就是正常人所做的事情。也是我的父母想让我做的，还有蒂亚。

学校心理老师：哦，是的，你在意的人。那么，如果你有了一些改变，他们会很高兴吗?

杰西卡：嗯，蒂亚肯定会的。我不确定我的父母，因为我认为我一直很好地向他们隐瞒了一些事情。

在第 3 部分中，心理老师通过提一些问题来建构解决谈话，如“你会有什么不同，表明你今天和我谈话真的是有帮助的？”以及“是什么告诉你现在的改变对你很重要？”这些问题通常很有用，因为它们让学生有机会开始构建一个理想的未来，在那里她正在挣扎的问题已经得到了解决。在这一部分中，你可以观察到学生对改变的矛盾心理，这在有进食障碍的学生中很常见。学校心理老师倾听她的心声，认可她的感受，并选择问她关于她想要改变的那部分的问题。

第 4 部分：继续解决谈话并开始制定目标

学校心理老师：好的，假设你和我合作，我们成为一个非常棒的团队，我们真的让你在生活中做出了一些改变。然后我们变得非常成功，成功到你甚至不需要再来见我，因为你已经做得非常好了。当这种情况发生时，我们会注意到你的什么，向我们表明你正在做得更好？

杰西卡：嗯……我将会更快乐，是的，我会更快乐，而且更平静，我会自我感觉良好。（停顿）你知道的，我想也许我会爱自己，而不是恨自己。

学校心理老师：哇，这些听起来是很多好的变化。那么，让我们看看，你会更快乐、更平静，对自己感觉良好，并且爱自己……还有别的吗？

杰西卡：是的，我不会在乎其他女孩怎么说我，我也不会那么担心我的成绩，或者担心是否有男孩会喜欢我，或者关于大学的事情。

学校心理老师：所以担心的事情少了很多。嗯……除了这些，我们还会看到你做什么？

杰西卡：嗯，我猜是享受事情。而且……我可能不会在饮食和锻炼方面有这么多问题。

学校心理老师：真的？你认为你会注意到自己的什么，表明你在这些事情上的问题更少了？

杰西卡：嗯……我会像以前那样做。比如普通的早餐，普通的午餐，普通人会做的事情。可能只是在训练时锻炼一下，不做其他额外的锻炼，但这对我来说真的很困难！

学校心理老师：是的，是的。所以……嗯……我不想漏掉这个，你说"像我以前那样做"——这是否意味着你以前在饮食和锻炼方面的问题较少？

杰西卡：是啊，高一的时候我还挺正常的。我吃得很规律，就像一个普通的高中女运动员。我想那是在我开始担心之前，之后我开始觉得做那些事是有帮助的，我不知道，这很奇怪。

在本部分中，学校心理老师向学生提出问题，让她集中在表现良好时所期许的未来上。学校心理老师提出的问题和后续的回应，引导学生提供有关她喜欢的未来的更多细节。通过这个过程，学校心理老师和学生就能够开始确定一些对学生很重要的目标——感觉更快乐、感觉更平静、自我感觉良好等。在该部分的最后，学校心理老师还问了一个例外问题，并发现学生曾经有一段时间做得更好。例外问句很有用，因为它们可以“帮助学生更加了解与他们的目标相关的当前和过去的成功”（De Jong & Berg, 2008, p.105）。

第 5 部分：扩大学生的需求并进一步发展目标

学校心理老师：嗯，好的，所以事情就是在那时发生了变化。嗯……我可以问你一个奇怪的问题吗？

杰西卡：好的。

学校心理老师：假设你今天离开我的办公室，然后像往常一样进行你一天的其他活动。你完成了你的课程，去训练，回家，吃晚饭，在正常的时间睡觉，然后你碰巧进入了一个非常深的睡眠。当你睡着的时候，一个奇迹发生了。这个奇迹就是，促使你来这里的问题都解决了，所以你更快乐、更平静、自我感觉良好，所有这些都变得更好。但棘手的是，奇迹发生在你睡着的时候，所以当你醒来时，你并不知道发生了。那么，当你醒来时，你注意到的第一件小事是什么，让你知道你的奇迹已经发生了？

杰西卡：（思考）嗯……我不会这么早起床。

学校心理老师：（鼓励）好的。

杰西卡：嗯，我会在 6 点被闹钟叫醒，而不是 5 点，因为我的大脑会感觉更好，我会更平静，所以我会保持睡眠。

学校心理老师：所以真正让你知道奇迹已经发生的第一件事就是当你六点钟醒来时，头脑更加平静。

杰西卡：是的，我的心会更平静，实际上六点起床会是一个非常大的改变，因为，如果真的是一个奇迹，我就不会在早上去学校之前锻炼了。

学校心理老师：是的，你说得对。所以，在你的奇迹发生后，你会在 6 点醒来，你的头脑会更平静，你在上学前不会锻炼身体，那你会做什么呢？

杰西卡：嗯，可能只是做些准备。

学校心理老师：现在你的奇迹发生了，那会有什么不同呢？

杰西卡：嗯……我会感觉更平静，所以我会提前考虑，也许今天在学校会是个好日子。我不会那么累，因为我睡得更久，所以我可能不会准备得那么慢，我可以好好坐在餐桌前吃个早餐。

学校心理老师：是的。所以我们会看到你坐在桌前吃早餐。那这将有什么改变呢？

杰西卡：嗯，这是一个奇迹，所以我会吃一个健康的早餐。

学校心理老师：哦，是的，比如我们会看到你吃什么？

杰西卡：可能是燕麦片加水果和坚果，这就是我过去经常吃的。

学校心理老师：很好，所以我们会看到你在餐桌前吃加了水果和坚果的燕麦片。这将如何让你的一天过得更好？

杰西卡：好吧，既然这是个奇迹，它就不会让我感到肥胖。

学校心理老师：是的，当然。这将如何改变你的事情？

杰西卡：我不必因为早餐吃的是这个，而一上午都在想我看起来有多胖。

学校心理老师：是的，你整个上午会做什么呢？

杰西卡：嗯……多关注一些学校里的事情。我已经注意到了，但这需要很大的努力，因为我的脑子里一直在想我吃了什么，胖了吗，我会吃什么，我在别人眼中是什么样子，等等。因此，既然这一切都将消失，我将会注意甚至可能会享受我的课程，至少是我喜欢的那些课。

学校心理老师：所以你真的能够只关注和享受它们。

杰西卡：是的，而且我也会有更多的精力，因为我不会那么早起床，我也不会因为锻炼和几乎不吃东西而如此疲惫。这真的很难受！（流泪了）

学校心理老师：是的，这听起来确实很难。（停顿）那么，你会有更多的精力？

杰西卡：（微微一笑）是的。

学校心理老师：这如何让你的一天变得更好？

杰西卡：哦，好多了。我想在午餐时和我的朋友们聊天，然后我想这既然是个奇迹，那我就多吃点午餐，然后下午我走路也许会有一些活力。

学校心理老师：很好，你的步伐更有活力了。一旦你有了更多的活力，你会做些什么不同的事情呢？

杰西卡：我会更轻松地处理所有事情，所以如果老师布置作业，我就会说“我可以做到”，而不是担心我不能做得很完美。

学校心理老师：哦，我喜欢那个，你会说：“我能做到。”

杰西卡：是的，而且我会对自己感觉更好，就像我之前说的，爱自己。（泪流满面）这对我来说真的会很不一样。

学校心理老师：是的，这听起来对你很重要。当你对自己感觉良好并且爱自己时，事情会有什么不同？

杰西卡：（沉默了一会儿）我只是，你知道的，内心感觉好多了。我不会想做一些事情来惩罚自己，比如不吃饭。

学校心理老师：当你对自己感觉良好时，你会想做什么而不是惩罚自己？

杰西卡：我想对自己好一点，告诉自己我做得很好，奖励自己，比如做一些有趣的事情。

学校心理老师：这听起来不错。

杰西卡：是的。

学校心理老师：今晚你的奇迹发生后，你认为谁会是第一个注意到你的变化的人？

杰西卡：哦，肯定是蒂亚。

学校心理老师：是吗？她会从你身上注意到什么，让她看到你的奇迹已经发生了？

杰西卡：（眼里含着泪水）我看起来会很高兴。

学校心理老师：这很好。蒂亚会注意到你的什么，能让她真正看到你很快乐？

杰西卡：我会微笑，我的脚步会很有活力，我会说关于自己的好事情。我会吃午餐，不说自己很胖，就像……恢复到以前的自己，就像我以前那样。

学校心理老师：重新做回你自己。

杰西卡：是的。

奇迹问句是SFBT中最重要的技术之一，可以进一步发展学生的目标，放大学生的期望。正如德荣和伯格（2008）所描述的，“奇迹问句要求当事人实现信念的飞跃，并想象当问题解决后他们的生活将如何改变”。他们进一步解释说，这是特别有用的，因为“它允许当事人思考无限的可能性”，并且“开始将注意力从他们当前和过去的问题上，转移到更令人满意的生活上”。

在这个部分，学校心理老师提出了最初的奇迹问句，然后又提出了一系列的后续问题，鼓励学生对她的奇迹做出更详细的描述。在这个过程中，学校心理老师和学生能够发现更多的信息，了解学生希望有什么不同，以及这些不同将如何对她有所帮助。学校心理老师会问一些问题，如“这样做会有什么不同”“这样做会有什么改变”，让学生有机会更全面地阐述所希望的改变将如何对她的生活产生积极的影响。学校心理老师还多次向学生提出“你将会做什么”，让她有机会思考在她的生活中会有哪些积极的事情，而不是她试图摆脱的事情。此外，学校心理老师还会问谁会注意到该学生的变化，以及将注意到什么样的细节，以帮助该学生从互动的角度开始想象她的变化。所有这些细节都有助于创造一个更生动的画面，展现学生希望朝什么方向发展，并帮助她的目标变得更加具体、可行和可测量。例如，学校心理老师和学生不再仅仅停留在“有更多的精力”这个比较模糊的目标上，而是能够确定，当有更多精力时，杰西卡会想在午餐时与朋友们交谈、吃她的午餐、下午走路有活力、发现在课堂上更容易处理事情、可以完成老师交代的任务。

第 6 部分：刻度化奇迹

学校心理老师：杰西卡，我给你画一张小图可以吗？

杰西卡：当然。

学校心理老师：（在一张纸上画一个刻度）假设这是一个从 0 分到 10 分的量尺，10 分代表你一直在发生奇迹，而 0 分代表完全相反。可以明白吗？

杰西卡：可以。

学校心理老师：那么，在这个量尺上，你会说你现在处于什么位置？

杰西卡：（指着量尺）大概是 2 分。

学校心理老师：好的，谢谢，（在“2”上做标记）那么，是什么让你知道你在 2 分而不是更低的位置，比如 0 分？

杰西卡：什么？哦……嗯……我的成绩还是不错的。

学校心理老师：嗯，还有什么？

杰西卡：我确实吃了一些东西，有时我对自己感觉还不错。

学校心理老师：太好了，还有什么？

杰西卡：我有朋友。

学校心理老师：是的！还有吗？

杰西卡：我想就是这样。

学校心理老师：好的，很好。那么，就我们的合作而言，你最终会对哪个数字感到满意？

杰西卡：就像……你和我一起工作，结束后是什么数字？

学校心理老师：没错。

杰西卡：（思考）好吧，我希望是 10 分，但这听起来太遥远了，也许是 7 分？

学校心理老师：听起来不错。让我为你画出来（画出 7）。那么，你会注意到自己最大的改变是什么，将真正表明你处于 7 分的位置？

杰西卡：我很高兴，而且更平静。就像我说的，对自己感觉良好，也许甚至开始有点爱自己了。吃得更好，锻炼更少，会更多地与我的朋友们交谈，并且在课堂上更注意听讲。

学校心理老师：有很多很棒的东西啊！就像你回到了以前的自己？

杰西卡：是的。

在这一部分，学校心理老师与学生一起利用刻度化问句，开始确定学生在她的奇迹参考框架中的位置和她想要达到的目标。正如德荣和伯格（2008）所描述的，“刻度化问句是一种有用的技术，可以使当事人生活的复杂方面更加具体，对从业者和来访者都更加可见”（p.107）。在这种情况下，刻度化奇迹是一个有用的过程，因为它将奇迹带回现实，并允许学生识别她的奇迹中已经发生的部分。此外，它还帮助学生考虑自己需要离奇迹图景多近才能满足，以及哪些变化对她的成功最重要。这向学生强调了这样一种理念，即她不需要完全实现她的奇迹图景才能认为自己是成功的，她只需要到达一个由她自己定义的更好的位置。问学生在奇迹量尺上的哪一点会感到满意，也让学校心理老师和学生有机会在第一次治疗中想象治疗的终点。这有助于强调 SFBT 的简短性质——它假定学生不会永远接受治疗；事实上，当她准备好继续自己的改变过程时，就会停止与学校心理老师的合作。

第 7 部分：休息、反馈和任务设置

学校心理老师：很好。那么，通常在谈话结束时，我喜欢中断两三分钟。实际上，我会离开房间，思考我们今天所谈的一切，然后再回来，给你一些在下次见面之前你需要思考的东西。你觉得我现在这样做可以吗？

杰西卡：可以。

学校心理老师：在我中断之前，我总是喜欢问，有没有什么东西，你今天没来得及说，但是你仍然想说的？

杰西卡：没有了，实际上我说得比我想象中的还要多。

学校心理老师：好的，那么我们几分钟后见。

（SSW 离开后又返回）

学校心理老师：以下是今天真正让我觉得很突出的地方。首先，我真的想赞美你，因为你今天来这里和我谈论这些。我知道这不是一件容易的事，所以我对自己说，这是一个多么勇敢的年轻女孩啊！让我印象深刻的是你睿智的那部分，你有兴趣做出一些改变，而且你今天能够很好地向我说明这些改变。我特别喜欢你所说的平静和快乐，爱自己，以更健康的方式饮食和锻炼，这表明你回到了以前的自己。我看到你在奇迹量尺上已经达到了 2 分，这很好，因为我们不是从 0 分开始。所以，从现在到我们下次见面，如果你同意的话我想给你一个小任务。

杰西卡：好的。

学校心理老师：你能不能好好留意一下，以便你能注意到你在 2 分甚至更高一点的任何时候？

杰西卡：比如，注意到我什么时候做得更好了吗？

学校心理老师：是的。真正注意到什么是不同的，表明你正在做得更好一点。也许是你正在更好地思考，感觉好一点，做得好一点。

杰西卡：好的，我想我可以做到这一点。

学校心理老师：很好，如果你想的话，你甚至可以记下其中的一些内容，以帮助你下次回忆。

杰西卡：好的。

学校心理老师：你对我们今天谈的内容有任何问题吗？

杰西卡：没有。

学校心理老师：很好。最后一个问题，我保证。在我们今天谈论的所有内容中，对你最有帮助的是什么？

杰西卡：（停顿）我的奇迹，因为想到这样的事情可能会发生在我身上，这让我感觉很好。

学校心理老师：当然。

在第 7 部分，学校心理老师利用了中断时间，以便她能够反思整个谈话，并提供反馈意见，这很有可能对学生有帮助。在这个中断时间，学校心理老师思考了学生所说的她希望有什么不同，学校心理老师对学生感到印象深刻的事情，该事情与学生希望改变有关，以及学校心理老师认为什么可以成为学生在两次谈话间需要完成的有用的任务。然后，学校心理老师返回，提供赞美，并接着提出任务要求。在这个案例中，学校心理老师选择让学生注意自己做得比较好的时候，试图引起学生对这些时候的注意，原因有如下几点：首先，这将允许学生观察和体验自己做得更好的时候，以帮助她建立对自己的信心，表明她具有持续改变的能力；其次，学生将能够观察到当她做得更好时，她有什么不同的表现，这将给她提供很好的线索，让她明白她需要重复哪些行为、想法和感受；最后，通过关注自己做得更好的时候，学生可能会有更多的时间做得更好，因为她的思想会在更多的时间里沉浸在这个现实中。

在会谈的最后，学校心理老师询问当天谈话中的什么内容对学生是最有帮助的。这是很有用的，因为学生的回答可能会给心理老师提供一些线索，告诉她在未来的会谈中可以做什么对学生是最有用的。这也是一个很好的结束谈话的方式，因为它给学生留下了一些积极的东西。

术语表

abuse：虐待，是指父母或照顾者的言语、肢体或心理行为给孩子造成身体、情感和行为上的伤害。

anorexia nervosa（AN）：厌食症，一种严重的饮食行为障碍，其特征是对体重增加的病态恐惧，形成不正常的饮食模式并导致营养不良，通常伴随着过度的体重减轻。

at-risk students：有风险的学生，指那些可能在学业、社交、情感或身体健康等方面面临挑战或困难的学生。

binge-eating disorder（BED）：暴食症，是一种饮食失调，表现为频繁的暴饮暴食行为，通常伴随着对体重和形象的过度担忧。

bulimia nervosa（BN）：神经性贪食症，是一种严重的进食障碍，在女性中更加常见，其特征是强迫性暴饮暴食，通常会随之出现自我诱导呕吐或滥用泻药或利尿剂，并常伴有内疚和抑郁。

brief family therapy center（BFTC）：短期家庭治疗中心，位于美国威斯康星州密沃基(Milwaukee)，焦点解决短期治疗方法主要是由史蒂夫·德·沙泽（Steve De Shazer）及茵素·金·伯格（Insoo Kim Berg）夫妇在该中心发展出来的。该中心致力于研究咨询的改变、理论的建立，及与临床实务相关练习，产生了许多有创意的想法。

cognitive-behavioral therapy（CBT）：认知行为治疗，是由贝克（A.T.Beck）在20世纪60年代发展出的一种有结构、短程、认知取向的心理治疗方法，主要针对抑郁症、焦虑症等心理疾病和不合理认知导致的心理问题。它的主要着眼点放在患者不合理的认知问题上，通过改变患者对自己、对他人或对世界的看法与态度来改变心理问题。

cultural competence：跨文化能力，是指个体与其他文化背景的人进行交流时应该具备的综合能力，即处理此过程中遇到的文化差异、矛盾冲突等问题的解决能力。

family therapy：家庭治疗，是以家庭为对象实施的团体心理治疗模式，其目标是协助家庭消除异常、病态情况，以恢复健康的家庭功能。

grandparents raising grandchildren（GRGs）：祖父母抚养孙辈的隔代养育模式。一些年轻家长因为工作繁忙，或者因为婚姻出现问题，而把孩子的教育、生活等责任交给了爷爷、奶奶、外公、外婆，这些祖父母们成为全面照顾第三代的“现代父母”。

individualized education plans（IEPs）：个别化教育计划，是指为接受特殊教育的每一位有残疾或障碍学生而制定的适应其个人发展需要的教育方案。是 1975 年美国国会颁布的《全体残障儿童教育法案》中规定的一项内容。该法令要求地方教育部门在对残疾学生实施特殊教育之前必须组织一个包括教育行政人员、任课教师、父母及学生本人（必要时）在内的小组，共同商定教育或训练的内容及措施，制定一份书面的教育方案。

meta-analysis：元分析，是一种量化的综述方法，可以帮助研究者综合现有研究，并通过重新分析来确定总体结果。

miracle question：奇迹问句，是焦点解决短期治疗的重要技术之一，是指咨询师假设有某种奇迹发生，并用假设性的问题询问来访者，提出假设性解决方法，让他们都有机会猜测，让他们自己设法达到目标。

neglect：忽视，是指父母或照顾者无视孩子实际需求，对其照看、抚养和照料上的失职。

positive psychology：积极心理学，是一门从积极角度研究传统心理学研究的事物的新兴领域。积极心理学作为一个研究领域的形成，1997 年第一次被提出来，以马丁·塞利格曼（Martin Seligman）和米哈里·契克森米哈依（Mihaly Csikszentmihalyi）2000 年 1 月发表的论文《积极心理学导论》为标志。它采用科学的原则和方法来研究幸福，倡导心理学的积极取向，研究人类的积极心理品质、关注人类的健康幸福与和谐发展。

problem-talk：问题谈话，指聚焦于来访者存在的问题的一种谈话模式。

protective factors：保护性因素，是指能够提高人类对危险因素和疾病抵抗力的因素。

resiliency：复原力，是指个体面对逆境、创伤、悲剧、威胁或其他重大压力的良好适应过程，也就是对困难经历的反弹能力。它的基本特征有三点：（1）接受并战胜现实的能力；（2）在危机时刻寻找生活的真谛的能力；（3）随机应变想出解决办法的能力。

scaling question：评量问句，也称刻度化问句。是焦点解决短期治疗的核心技术之一。以数字来代替语言的描述性的评量问句，可以极具弹性地协助当事人将抽象的观点与情绪的内容与强度量化表达，能协助当事人在看到晤谈的终极目标、形成下一步骤或进步的同时，提高当事人的意愿与信心，并向具现实感的更小目标迈进。评量问句常以 0 分（或 1 分）至 10 分量尺，请当事人就其经验进行评量。常将大的愿景或正向目标的描述置于 10 分的位置，询问当事人目前的现况所在分数，对照两者差异，并询问再进 1 分后与现在的不同，以及如何迈进 1 分的方法。

school social worker（SSW），学校社会工作者，是指经过专门训练的校内社会工作人员，曾称“客座教师”。其主要职责是：（1）研究社会、社区、家庭、学校对学生学习、发展的影响；（2）为全体学生谋求社会福利；（3）协助学校、家庭解决学生遭遇的各种问题；（4）协助确定每个学生的最佳发展方案。

solution-focused brief therapy（SFBT）：焦点解决短期治疗，后现代主义

治疗领域中的一种治疗模式。主要是由史蒂夫·德·沙泽（Steve De Shazer）及茵素·金·伯格（Insoo Kim Berg）夫妇在短期家庭治疗中心发展出来的一种心理治疗模式。这种心理治疗模式基于短程心理治疗和后现代主义哲学观的影响，将来访者视作健康而充满能力的人，来访者有能力为自己的问题找出解决方式，从而提高生活质量。引导来访者看到自己的能力和优势，帮助来访者认识到同一事件的不同层面。

solution-talk：解决式谈话，是相对于“问题谈话”而言的。侧重问题的谈话产生的是问题，侧重解决方法的谈话产生的是解决方法。

substance abuse：物质滥用，是指违反社会常规或与公认的医疗实践不相关或不一致地间断或持续过度使用精神活性物质的现象。这种滥用远非尝试性使用、社会娱乐或随处境需要的使用，而是逐渐转入强化性的使用状态，从而导致依赖的形成。它会导致临床明显的损害或痛苦，并会在长时间内持续或间断复发。

substance dependence：物质依赖，是指长期滥用某种物质后，产生了一种心理上与躯体上的强烈而不能克制寻觅该种物质、希望重复体验使用该物质的心理快感，同时避免戒断导致的躯体不适的现象。

suicidal ideation：自杀意念，是指想死的意愿或不想活的一系列想法。

three-tier system：三级干预系统，学校采用三级系统来满足不同学生群体的需求。广泛的一级干预（Tier 1），有选择性的二级干预（Tier 2），深度的三级干预（Tier 3）。大多数学生（≥ 95%）的需求通过前两级就能满足。第一级干预是在全校范围内应用于所有学生的干预，核心要素包括教授行为期望，为学生提供多种机会来展示适当的技能并获得反馈 / 鼓励，并以建设性和指导性的方式回应问题行为。第一级特别重要，在获得第一级干预后，85% 的学生便不需要更高级别的干预了。第二级干预措施通常在班级内进行，二级干预主要围绕额外的社交技能指导、自我管理、学术支持三个方面进行。

第三级干预针对性适用于班级中的那些长期存在问题行为的问题学生，这些学生有个性化支持的需求，需要确定最合适的方案和干预措施。

values in action（VIA）questionnaire：行动价值问卷，是为了测量个体的性格优势与美德，编制的一个成人自我报告式问卷。该问卷共 240 个题目，分为 24 个分量表，对应 24 种性格优势，每个分量表有 10 个题项，每个题项均采用李克特 5 点计分。某项性格优势得分越高，说明个体所具有的此项优势越突出。

WOWW program："有效的多做" 项目，该项目是由李·希尔茨（Lee Shilts）和茵素·金·伯格（Insoo Kim Berg）于 2002 年在美国佛罗里达州的新河中学设立的，该项目旨在帮助班级找到问题的解决之道。其核心理念是"有效之处，多做一点"，从而让小改变引发大的改变。

主要人物简介

茵素·金·伯格（Insoo Kim Berg, 1934—2007）：焦点解决短期治疗（SFBT）的创始人之一，是一位著名的韩裔美国作家和治疗师，曾任美国密尔瓦基短期家庭咨询中心总监。她还在家庭治疗、咨询、教练、社会工作和研究领域作出了重大贡献。

史蒂夫·德·沙泽（Steve de Shazer, 1940—2005）：社会工作学硕士，也是焦点解决短期治疗的创始人之一。他发表了很多篇学术文章，出版了5本具有开创性意义的书籍，包括《短期家庭治疗的模式》《短期治疗中解决方法的关键因素》《线索：短期治疗中解决方法的探究》《将改变带入工作》及《语言本来就是魔术》。他的著作被翻译成14种语言，在世界上有着广泛的影响。

芭芭拉·弗雷德里克森（Barbara L. Fredrickson）：北卡罗来纳大学教堂山分校商学院的杰出心理学教授，积极情绪与心理生理学实验室主任。提出的积极情绪的拓展－建构理论，荣获2016～2017年度詹姆斯卡特奖。她是积极心理学研究领域的领军人物，积极心理学之父马丁·塞利格曼评价她是“积极心理学领域的天才”。中文译著有《积极力》《积极情绪的力量》《爱的方法》。

彼得·德荣（Peter De Jong）：美国卡尔文大学教授，焦点解决领域的著名学者，著有《焦点解决短期治疗导论》《焦点解决短期治疗：技巧与应用》等，同时为心理健康诊所、家庭服务机构、少年矫正机构等提供咨询服务。

李·希尔茨（Lee G. Shilts）：博士，美国佛罗里达州的一个著名婚姻家庭治疗师。他与焦点解决短期治疗的先驱茵素·金·伯格一起，在佛罗里达州开发了WOWW项目（“Working on what works”，有效的多做）。

约翰·亨顿（John Henden）：应用焦点解决模式进行自杀预防方面的国际权威专家。他撰写了《预防自杀：焦点解决的方法》一书，还发展出了应对考虑自伤者的其他技术。多年来，他在英国国家医疗服务体系（NHS）的心理健康服务部门工作，是一名享誉国际的培训师、作家、焦点解决短期治疗咨询师和行为教练。

参考文献

Alegria, M., Woo, M., Cao, Z., Torres, M., Meng, X., & Striegel-Moore, R. (2007) Prevalence and correlates of eating disorders in Latinos in the United States. *International Journal of Eating Disorders,* 40, S15-S21.

Allen-Meares, P., Montgomery, K. L., & Kim J. S, (2013). School-based social work interventions: A cross-national systematic review. *Social Work*, 58(3), 253-262.

Aloise-Young, P. A., & Chavez, E. L. (2002). Not all school dropouts are the same: Ethnic differences in the relation between reason for leaving school and adolescent substance use. *Psychology in the Schools*, 39(5), 539-547.

Altshuler, S. J., & Kopek, S. (2003). Advocating in schools for children with disabilities: What's new with IDEA? *Social Work,* 48(3), 320-329.

Altshuler, S. J., & Kopels, S. (2003). Advocating in schools for children with disabilities: What's new with IDEA? *Social Work*, 48(3), 320-329.

American Academy of Child and Adolescent Psychiatrists. (2007). Facts on anxiety. Retrieved August 3, 2007.

American Psychiatric Association. (2013). Diagnostic *and statistical manual qf mental disorders (5th ed.).* Arlington, VA: American Psychiatric Publishing.

Anderson-Butcher, D., & Ashton, D. (2004). Innovative models of collaboration to serve children, youth, families, and communities. *Children & Schools*, 26(1), 39-53.

Anderson-Butcher, D., lachini, A., & Wade-Mdivanian, R. (2007). *School linkage protocol technical assistance guide: Expanded school improvement through the enhancement of the learning support continuum.* Columbus, OH: College of Social Work, Ohio State University.

Ayres, L., Kavanaugh, K., & Knafl, K. A. (2003). Within-case and across-case approaches to qualitative data analysis. *Qualitative Health Research*, 13(6), 871-883.

Babcock, J. C., Green, C. E., & Robie, C. (2004), Does batterers' treatment, work? A meta-analytic review of domestic violence treatment, *Climcal Psychology Review*, 23,

1023-1053.

Banmnk, F. (2012). *Practicing positive CBT: From reducing distress to building success.* Hoboken, NJ: Wiley-Blackwell.

Bannink, F. (2014). *Post traumatic success: Positive psychology & solution-focused strategies to help clients survive & thrive.* New York, NY: Norton.

Bavelas, J. De Jong, P., Franklin, C., Froerer, A., Gingerich, W., Kim, J., Korman, H., Langer, S., Lee, M. Y., McCollum, E. E., SmockJordan. S., & Trepper, T. S. (2013, July 1). Solution-focused therapy treatment manual for working with individuals, 2nd version.

Beautrais, A. L. (2001). Child and young adolescent suicide in New Zealand. *Australian and New Zealand Journal of Psychiatry, 35*, 647-653.

Berg I. K. (1994). *Family-based services: A solution-focused approach.* New York, NY: Norton.

Berg, I. K., & Kelly, S. (2000). *Building solutions in child protective services.* New York, NY: Norton.

Berg, I. K., & Steiner, T. (2003). *Children's solution work.* New York, NY: Norton.

Berg, I., & Dolan, Y. (2001). *Tales of solutions: A collection of hope-inspiring stories.* New York: W. W. Norton.

Berg, L. K. (1994). *Family-based services.* New York: W. W. Norton.

Berg. I., & Shilts, L. (2005). *Classroom solutions: WOWW coaching*. Milwaukee, WI: BFTC Press.

Bernard, B. (1991). Fostering resiliency in kids. *Educational Leadership,* 51(3), 44-48.

Berzin, S., O'Brien, K., & Tohn, S. (2012). Working on what works: A new model for collaboration. *School Social Work Journal*, 36(2), 15 -26.

Birdsall, B. A., & Miller, L. D. (2002). Brief counseling in schools: A solution-focused approach for school counselors. *Counseling and Human Development*, 35(2), 1-10.

Bowen, G., Rose, R. A., & Bowen, N. K. (2005). *The reliability and validity of the school success profile*. Philadelphia: Xlibris Press.

Breton, J., Tousignant, M., Bergeron, L., & Berthiaume, C. (2002). Informant-specific correlates of suicidal behavior in a community survey of 12- to 14-year-olds. *Journal of the American Academy of Child and Adolescent Psychiatry, 38*, 723-730.

Brown, E. L, Powell, E., & Clark, A. (2012). Working on what works: Working with teachers to improve classroom behavior and relationships. *Educational Psychology in Practice*, 28(1), 19-30.

Brown, J., Cohen, P, Johnson, J. G., & Smailes, E. M. (1999). Childhood abuse and neglect: Specificity of effects on adolescent and young adult depression and suicidality. *Journal of the American Academy of Child and Adolescent Psychiatry,* 38, 1490-1496.

Brown, S. D., Brack, G., & Mullis, F. Y. (2008). Traumatic symptoms in sexually abused children: Implications for school social workers. *Professional School Counseling,*11(6),368-379.

Bryant, J., & Milsom, A. (2005), Child abuse reporting by school social workers. *Professional School Counseling,* 9(1), 63-71.

Burke, R. F., Aubusson, P. J., Schuck, S. R., Buchanan J. D., & Prescott, A. E. (2015). How do early career teachers value different types of support? A scale-adjusted latent class choice model. *Teaching and Teacher Education*, 47, 241-253.

Carkuff, R., & Berenson, B. (1967). *Beyond counselling and therapy*. New York, NY: Holt.

Centers for Disease Control and Prevention (CDC), (n.d,-a). *10 Leading causes of death by age group, United States—2013.*

Centers for Disease Control and Prevention (CDC). (2013, May 17). Mental health surveillance among children--United States, 2005-2011 *MMWR Morbidity and Mortality Week and Report,* 62(2), Supplement.

Centers for Disease Control and Prevention (CDC). (n.d.-b). *10 Leading causes of death by age group, United States—2010.*

Centers for Disease Control and Prevention (CDC). (n.d.-c). *Trends in the prevalence of suicide-related behavior national YRBS: 1991-2013.*

Cepukiene, V., & Pakrosnis, R. (2011). The outcome of solution-focused brief therapy among foster care adolescents: The changes of behavior and perceived somatic and cognitive difficulties. *Children and Youth Services Review*, 33, 791- 797.

Chambless, D. L. (2002). Beware the Dodo bird: The dangers of overgeneralization. *Clinical Psychology; Science and Practice*, 9, 13-19.

Children's Defense Fund. (2014). *The state of America's children 2014 report.* Washington, DC: Children's Defense Fund.

Chorpita, B. F., & Southam-Gerow, M. (2006). Fears and anxieties. In E. J. Mash & R. A. Barkley (Eds), *Treatment of child disorders* (3rd ed., pp. 271-335). New York: Guilford.

Cockbum, J. T., Thomas, F. N., & Cockburn, O. J. (1997). Solution-focused therapy and psychosocial adjustment to orthopedic rehabilitation in a work hardening program. *Journal of Occupational Rehabilitation*, 7, 97-106.

Comer, J. P. (2005). The rewards of parent participation. *Educational Leadership*, 62(6), 38-42.

Congress.gov. (2015a). *H.R. 1211—Mental health in schools act of 2015.*

Congress.gov. (2015b). *S. 1588—Mental health in schools act of 2015.*

Connor-Smith, J. K., & Weisz, J. R. (2003). Applying treatment outcome research in clinical practice: Techniques for adapting interventions to the real world, *Child and Adolescent Mental Health*, 8, 3-10.

Constable, R. (2006). *21st century school social work*: Plenary address at the Family and Schools Partnership Program, July 2006.

Cook, D. R. (1998). Solution-focused brief therapy: *Its impact on the self-concept of elementary school students*. Unpublished Dissertation Ohio University, Athens, Ohio.

Corcoran, J. (2006). A comparison group study of solution-focused therapy versus "treatment-as-usual", for behavior problems in children. *Journal of Social Service Research*, 33(1), 69-81.

Corcoran, J., Miller, P., & Bultman, L. (1997). Effectiveness of prevention programs for adolescent pregnancy: A meta analysis. *Journal of Marriage and the Family,* 59,551-

567.

Csorba, J., Rozsa, S., Gadoras, J., Vetro, A., Kaczinszky, A., Sarungi, E., Makra, J., & Kapornay, K. (2003). Suicidal depressed vs. non-suicidal depressed adolescents: Differences in recent psychopathology. *Journal of Affective Disorders,* 74, 229-236.

Cushman, P. (1995). *Constructing the self, constructing America: A cultural history of psychotherapy.* Reading, MA: Addison-Wesley.

Daki, J., & Savage, R. (2010). Solution-focused brief therapy: Impacts on academic and emotional difficulties. *Journal of Educational Research*, 103, 309-326.

Davies, C. (2002). The Grandparent Study 2002 Report Research Report. Retrieved July 24, 2007.

De Jong, P., & Berg, I. (2001). *Instructor's resource manual of interviewing for solutions.* New York: Brooks/Cole.

De Jong, P., & Berg, I. (2002). *Interviewing for solutions* (2nd ed.). New York: Brooks/Cole.

De Jong, P., & Berg, I. (2008). *Interviewing for solutions* (3rd ed.). Belmont, CA: Brooks/Cole-Thomson Learning.

De Jong, P., & Berg, I. K. (2008). *Interviewing for solutions* (3rd ed.). Belmont, CA: Thomson.

De Jong, P., & Berg, I. K. (2008). *Interviewing for solutions* (3rd ed.). Belmont. CA: Brooks/ Cole.

De Jong, P., & Hopwood, L. E. (1996). Outcome research on treatment conducted at the Brief Family Therapy Center, 1992-1993. In S. D. Miller, M. A. Hubble, & B. L. Duncan (Eds.), *Handbook of solution-focused brief therapy* (pp. 272-298). San Francisco: Jossey Bass.

De Jong, P., & Miller, S. D. (1995). How to interview for client strengths. *Social Work*, 40(6), 729-736.

de Shazer, S. (1985). *Keys to solution in brief therapy.* New York: Norton.

de Shazer, S. (1988). Clues: *Investigating solutions in brief therapy.* New York: W. W.

Norton.

de Shazer, S. (1991). *Putting difference to work.* New York: Norton.

Delpit, L., & Kohl, H. (2006). *Other people's children: Cultural conflict* in *the classroom* (2nd ed.). New York: New Press.

Dolan, Y. (1991). *Resolving sexual abuse: Solution-focused therapy and Ericksonian hypnosis for adult survivors*. New York, NY: Norton.

Dolan, Y. M. (1995). *Living a wonderful life: A solution-focused approach to help clients move beyond a survivor identify*. Workshop sponsored by the Brief Therapy Training Center of Canada, Toronto.

Duncan, B. L, Miller, S. D., & Sparks, J. (2004). *The heroic client: A radical way to improve effectiveness through client-directed outcome informed therapy*. San Francisco: Jossey-Bass.

Duncan, B., Hubble, M., & Millers, S. (Eds.). (1999). *Heart and soul of change: What works in therapy.* Washington, DC: American Psychological Association Press.

Epstein, M. H., & Sharma J. M. (2004). *BERS-2 examiner's manual*. Austin, TX: Pro-Ed.

Erford, B. T., Newsome, D. W., & Rock, E. (2007). Counseling youth at risk. In B. T. Erford (Ed.) *Transforming the school counseling profession* (2nd ed., pp. 279-303). Upper Saddle River, NJ: Pearson.

Evertson, C. M., & Weinstein, C. S. (2006). *Handbook of dassroom management: Research, practice, and contemporary issues* (pp. viii, 73-95, 1346 pp). Mahwah, NJ: Lawrence Erlbaum Associates Publishers.

Fearrington, J. Y., McCallum, R. S., & Skinner, C. H. (2011). Increasing math assignment completion using solution-focused brief counseling. *Education and Treatment of Children*, 34, 61-80.

Ferguson, R. (October 21, 2002). What doesn't meet the eye: Understanding and addressing racial disparities in high-achieving suburban schools from The Tripod Project Background. Retrieved August 1, 2007.

Fergusson, D. M., Beautrais, A. L., & Horwood, L. J. (2003). Vulnerability and resiliency to suicidal behaviors in young people. *Psychological Medicine,* 33, 61-73.

Fernie, L., & Cubeddu, D. (2016). WOWW: A solution orientated approach to enhance classroom relationships and behavior within a Primary three class. *Educational Psychology in Practice*, 32(2), 1-12.

Fiske, H. (2008). *Hope in action: Solution-focused conversations about suicide.* New York, NY: Routledge.

Fitzpatrick, M. R., & Stalikas, A. (2008a). Integrating positive emotions into theory, research, and practice: A new challenge for psychotherapy. *Journal of Psychotherapy Integration,* 18, 248-258.

Fitzpatrick, M. R., & Stalikas, A. (2008b). Positive emotions as generators of therapeutic change. *Journal of Psychotherapy Integration,* 18, 137-154.

Fong, R. (2004). Immigrant and refugee children and families. In R. Fong (Ed.), *Culturally competent social work practice with immigrant children and families.* New York: Guilford Press.

Frank, G. K. W. (2015). What causes eating disorders, and what do they cause? *Biological Psychiatry,* 77, 602-603.

Frank, J. D., & Frank, J. (1991). *Persuasion and healing: A comparative study of psychotherapy*. Baltimore, MA: Johns Hopkins University Press.

Franklin C., Biever, J., Moore, K., Clemons, D., & Scamardo, M. (2001). The effectiveness of solution-focused therapy with children in a school setting. *Research on Social Work Practice,* 11(4), 411-434.

Franklin, C, Streeter, C. L., Kim J. S., & Tripodi, S. J. (2007). The effectiveness of a solution focused, public alternative school for dropout prevention and retrieval. *Children and Schools*, 29, 133-144.

Franklin, C., & Hopson L. M. (2007). Facilitating the use of evidence-based practices in community organizations. *The Journal of Social Work Education*, 43(3), 377-404.

Franklin, C., & Streeter, C. L. (2004). *Solution-focused accountability schools for the 21st century.* Austin, TX: Hogg Foundation for Mental Health, University of Texas at Austin.

Franklin, C., & Streeter, C. L. (2004). *Solution-focused accountability schools for the 21st century*. Austin, TX: The Hogg Foundation for Mental Health, The University of Texas at Austin.

Franklin, C., Biever, J., Moore, K., Clemons, D., & Scamardo, M. (2001). The effectiveness of solution-focused therapy with children in a school setting. Research on Social Work Practice, 11(4), 411-434.

Franklin, C., Kim, J. S., Ryan, T. N., Kelly, M. S., & Montgomery, K. (2012). Teacher involvement in mental health interventions: A systematic review. *Children & Youth Seiyices Review*, 34, 973-982.

Franklin, C., Montgomery, K., Baldwin, V., & Webb, L. (2012). Research and development of a solution-focused high school. In C. Franklin, T. Trepper, W. Gingerich, & E. McCollum (Eds.), *Solution-focused brief therapy: A handbook of evidence-based practice* (pp. 371-389). New York, NY: Oxford University Press.

Franklin, C., Moore, K., & Hopson, L. (2008). Effectiveness of solution-focused brief therapy in a school setting. *Children. & Schools*, 30(1), 15-26.

Franklin, C., Moore, K., & Hopson, L. M. (2008). Effectiveness of solution-focused brief therapy in a school setting. *Children & Schools*, 30, 15-26.

Franklin, C., Streeter, C. L., Kim, J. S., & Tripodi, S. J. (2007). The effectiveness of a solution-focused, public alternative school for dropout prevention and retrieval. *Children & Schools*, 29, 133-144.

Franklin, C., Trepper, T., Gingerich, W., & McCollum, E. (2012). *Solution-focused brief therapy: A handbook of evidence-based practice.* New York: Oxford University Press.

Franklin, C., Trepper, T., Gingerich, W., McCollum, E. (2012). *Solution-focused brief therapy: A handbook of evidence based practice*. New York: Oxford University Press.

Fredrickson, B. L. (1998). What good are positive emotions? *Review of General Psychology,* 2, 300-319.

Friedman, R. M., Katz-Levey, J. W., Manderschied, R. W., & Sondheimer, D. L. (1996b). Prevalence of serious emotional disturbance in children and adolescents. In R. W. Manderscheid & M. A. Sonnenschein (Eds), *Mental health, United States*. 1996 (pp.

71-88). Rockville, MD: Center for Mental Health Services.

Froeschle, J. G., Smith, R. L., & Ricard, R. (2007). The efficacy of a systematic substance abuse program for adolescent females. *Professional School Counseling*, 10, 498-505.

Fuller-Thomson, E., & Minkler, M. (2000). African American grandparents raising grandchildren: A national profile of demographic and health characteristics. *Health and Social Work*, 25, 109-118.

Galassi, J. P., & Akos, P. (2007). *Strengths-based school counseling: Promoting student development and achievement.* Mahwah, NJ: Lawrence Erlbaum.

Garland, E. L., Fredrickson, B., Kring, A. M., Johnson, D. P., Meyer P. S., & Penn, D. L. (2010). Upward spirals of positive emotions counter downward spirals of negativity: Insights from the broaden-and-build theory and affective neuroscience on the treatment of emotion dysfunctions and deficits in psychopathology. *Clinical Psychology Review,* 30, 849-864.

Garner, J. (2004). Creating solution-building schools training program. In C. Franklin & C. L, Streeter (Eds.), *Solution-focused accountability schools for the 21st century.* Austin, TX: Hogg Foundation for Mental Health, University of Texas at Austin.

Gingerich, W. J., & Peterson, L. T. (2013). Effectiveness of solution-focused brief therapy: A systematic qualitative review of controlled outcome studies. *Research on Social Work Practice*, 23, 266-283.

Gingerich, W., & Eisengart, S. (2000). Solution-focused brief therapy: A review of outcome research. *Family Process*, 39(4), 477-496.

Glaser, B. G., & Strauss, A. L. (2007). *The discovery of grounded theory: Strategies for qualitative research.* New Brunswick, NJ: Aldine Transaction.

Glass, G. V. (1976). Primary, secondary, and meta-analysis. *Educational Researcher*. 5, 3-8.

Gleason, E. (2007). A strength-based approach to the social developmental study. *Children & Schools*, 29(1), 51-59.

Gorey, K. M. (1996). Effectiveness of social work intervention research: Internal versus external evaluations. *Social Work*, 7, 63-80.

Granello, D., & Granello, P. (2007). Suicide assessment: Strategies for determining risk. *Counselling, Psychotherapy, and Health,* 3(1), 42-51.

Gray, D., Achilles, J., Keller, T., Tate, D., Haggard, L., Rolfs, R., Cazier, C., Workman, J., & McMahaon, W. M. (2002). Utah youth suicide study, phase I: Government agency contact before death. *Journal of the American Academy of Child and Adolescent Psychiary,* 41, 427-434.

Groholt, B., Ekeberg, O., Wichstrom, L., & Haldorsen, T. (2000). Young suicide attempters: A comparison between a clinical and an epidemiological sample. *Journal of the American Academy of Child and Adolescent Psychiatry,* 39, 868-875.

Hall, J. A., Tickle-Degnen, L., Rosenthal, R., & Mosteller, F. (1994). Hypotheses and problems in research synthesis. In H. Cooper & L V. Hedges (Eds.) *The Handbook of research synthesis* (pp. 17-28). New York: Russell Sage Foundation.

Hallberg, L. R. (2006). The "core category" of grounded theory: Making constant comparisons. *International Journal of Qualitative Studies on Health and Well-being*. 1(3), 141-148.

Hammond, C., & Reimer, M. (2006). Essential elements of quality after-school programs. Retrieved July 15, 2007.

Hawkes, D., Marsh, T, I., & Wilgosh, R. (1998). *Solution-focused therapy: A handbook for health care professionals*. Boston,MA: Butterworth-Heinemann.

Heller, N. R., & Lu, J. (2015). Eating disorders and treatment planning. In K. Corcoran & A. R. Roberts (Eds.), *Social workers' desk reference* (3rd ed., pp. 571-578). New York, NY: Oxford University Press.

Henden, J. (2008). *Preventing suicide: The solution-focused approach.* West Sussex, UK: Wiley.

Hess, R. S., Magnuson, S., & Beeler, L. (2012). *Counseling children and adolescents in school.* Los Angeles, CA: Sage.

Hoagwood, K., & Erwin, H. (1997). Effectiveness of school-based mental health services for children: A 10-year research review. *Journal of Child and Family Studies,* 6, 435-

451.

Hopson, L. M., & Kim, J. S. (2004). A solution-focused approach to crisis intervention with adolescent. *Journal of Evidence-Based Social Work.* 1(2-3): 93-110.

House, A. (2002). *DSM-IV diagnosis in the schools.* New York: Guilford.

Huang, M. (2001). *A comparison of three approaches to reduce marital problems and symptoms of depression*. Unpublished Dissertation. University of Florida.

Hubble, M. A., Duncan, B. L., & Miller, S. D. (1999). *The heat & soul exchange: What works in therapy.* Washington, DC: American Psychological Association.

Jacobi, C., Fittig, E., Bryson, S. W., Wilfley, D., Kraemer, H. C., & Taylor, C. B. (2011). Who is really at risk? Identifying risk factors for subthreshold and full syndrome eating disorders in a high-risk sample. *Psychological Medicine,* 41, 1939-1949.

Jones, C. N., Hart, S. R., Jimerson, S. R., Dowdy, E., Earhart, Jr., J., Renshaw, T. L., & Anderson, D. (2009). Solution-focused brief counseling: Guidelines, considerations, and implications for school psychologists. *The California School Psychologist.* 14(1), 111-122.

Kazdm, E. (2005). Treatment outcomes, common factors, and continued neglect of mechanisms of change. *Clinical Psychology: Science and Practice*, 12(2), 184-188.

Keel, P. K., & Forney, K. J. (2013). Psychosocial risk factors for eating disorders. *International Journal of Eating Disorders,* 46, 433-439.

Kelly, M. S., & Bluestone-Miller, R. (2009). Working on What Works (WOWW): Coaching teachers to do more of what's working. *Children & Schools*, 31, 35-38.

Kelly, M. S., Lisci, M., Bluestone-Miller, R., & Shihs, L. (2011). Making classrooms more solution-focused for teachers and students: The WOWW teacher coaching intervention. In Franklin, C. (Ed.), *Solution-focused brief therapy: A handbook of evidence-based practice* (pp. 354-370). New York, NY: Oxford University Press.

Kelly, M. S., Thompson, A. M., Frey, A., Klemp, H., Alvarez, M., & Berzin, S. C. (2015). The state of school social work: Revisited. *School Mental Health,* 7(3), 174-183.

Kelly, S., & Northrop, L. (2015). Early career outcomes for the "best and the brightest":

Selectivity, satisfaction, and attrition in the Beginning Teacher Longitudinal Survey. *American Educational Research Journal*, 52, 624-656.

Kids Matter. (n.d.). *Mental health risk and protective factors*.

Kim J. S., & Franklin, C. (2009). Solution-focused, brief therapy in schools: A review of the outcome literature. *Children and Youth Services Review*, 31,464-470.

Kim, J. S. (2008). Examining the effectiveness of solution-focused brief therapy: A meta-analysis. *Research on Social Work Practice.*

Kim, J. S. (2014). *Solution-focused brief therapy: A multicultural approach*. Thousand Oaks, CA: Sage Publications.

Kim, J. S., & Franklin, C. (2009). Solution-focused, brief therapy in schools: A review of the outcome literature. *Children and Youth Services Review*, 31, 461-470.

Kim, J. S., & Franklin, C. (2015). The importance of positive emotions in solution- focused brief therapy. *Best Practices in Mental Health,* 11, 25-41.

King, R. A., Schwab-Stone, M., Flisher, A. J., Greenwald, S., Kramer, R. A., Goodman, S. H., Lahey, B. B., Shaffer, D., & Gould, M. S. (2001). Psychosocial and risk behavior correlates of youth suicide attempts and suicide ideation. *Journal of the American Academy of Child and Adolescent Psychiatry,* 40, 837-847,

Kiser, D. (1988). *A follow-up study conducted at the brief family therapy center*. Unpublished manuscript.

Korman, H., Bavelas, J. B., & De Jong, P. (2013). Microanalysis of formulations in solution-focused brief therapy, cognitive behavioral therapy, and motivational interviewing. *Journal of Systemic Therapies,* 32, 31-45.

Kvarme, L. G., Helseth, S., Sorum, R., Luth-Hansen, V., Haugland, S., & Natvig, G. K. (2010). The effect of a solution-focused approach to improve self-efficiacy in socially withdrawn school children: A non-randomized controlled trial, *International Journal of Nursing Studies*, 47, 1389-1396.

Lagana-Riordan, C., Aguilar, J. P., Franklin, C., Streeter, C. L., Kim, J. S., Tripodi, S.J., & Hopson, L. M. (2011). At-risk students' perceptions of traditional schools and a solution-focused public alternative school. *Preventing School Failure*, 55(3), 105-114.

Lambert, M. J. (2005). Early response in psychotherapy: Further evidence for the importance of common factors rather than placebo effects. *Journal of Clinical Psychology*, 6(1), 855-869.

Leggett, M. E. S. (2004). *The effects of a solution-focused classroom guidance intervention with elementary students*. Unpublished Dissertation, Texas A&M University-Corpus Christi, Corpus Christi, Texas.

Lever, N., Anthony, L., Stephan, S., Moore, E., Harrison, B., & Weist, M. (2006). Best practice in expanded school mental health services. In C. Franklin, M. Harris, & P. Allen-Meares (Eds.), *School services source-book* (pp.1011-1020). New York: Oxford Press.

Lipchik, E. (1994). The rush to be brief. *Family Therapy Networker, 18*(2), 35-39.

Littrell, J. M., Maha J, A., & Vanderwood, M. (1995). Single-session brief counseling in a high school. *Journal of Counseling and Development*, 73, 451-458.

Littrell, J., Malia J., & Vanderwood, M. (1995). Single-session brief counseling in a high school. *Journal of Counseling and Development*, 73, 451-458.

Loesel, F., & Koeferl, P. (1987). Evaluation research on the social-therapeutic prison: A meta-analysis. *Gruppendynamik*, 18, 385-406.

MacDonald, A. J. (2007). *Solution-focused therapy: Theory, research and practice*. London: Sage Books.

Marinaccio, B. C. (2001). *The effects of school-based family therapy*. Unpublished Dissertation, University of New York at Buffalo.

Martin, C. V., Guterman, J. T., & Shatz, K. (2012). Solution-focused counseling for eating disorders.

Marzano, R. J. (2003). *What works in schools: Translating research into action*. Alexandria, VA: Association for Supervision and Curriculum Development.

Massachusetts Executive Office of Health and Human Services (MEOHHS), (n.d). *Risk & protective factors*.

McGoldrick, M., Giordano, J., & Pearse, J. K. (1996). *Ethnicity and family therapy* (2nd ed.). New York: Guilford Press.

Merikangas, K. R., He, J., Burstein, M., Swanson, S. A., Avenevoli, S., Cui, L., Benjet, C., Georgiades, K., & Swendsen, J. (2010). Lifetime prevalence of mental disorders in US adolescents: Results from the National Comorbidity Survey Replication-Adolescent Supplement (NCS-A). *Journal of American Academy of Child and Adolescent Psychiatry,* 40(10), 980-989.

Metcalf, L. (1995). *Counseling toward solutions: A practical solution-focused program for working with students, teachers, and parents.* San Francisco, CA: Jossey-Bass.

Metcalf, L. (1995). *Counseling towards solutions: A practical solution-focused program for working with students, teachers, and parents*. New York: Jossey-Bass.

Miller, G., & de Shazer, S. (2000). Emotions in solution-focused therapy: A re-examination. *Family Process,* 39(1), 5-23.

Morse, J. M. (1995). The significance of saturation. *Qualitative Health Research*, 5(2), 147-149.

Moskowitz, E. (2001). *In therapy we trust: America's obsession with self-fulfillment*. Baltimore: Johns Hopkins Press.

Murphey, D., Barry, M., & Vaugh, B. (2013, January). *Positive mental health: Resilience.* Publication 2013-3.

Murphy J. J. (1994). Working with what works: A solution-focused approach to school behavior problems. *School Counselor,* 42, 59-68.

Murphy, J. (1996). Solution-focused brief therapy in the school. In S. Miller, M. Hubble, & B. Duncan (Eds.), *Handbook of solution-focused brief therapy* (pp.184-204). San Francisco: Jossey-Bass Publishers.

Murphy, J. (1996). Solution-focused brief therapy in the school. In S. Miller, M. Hubble, & B. Duncan (Eds) *Handbook of solution-focused brief therapy* (pp. 184-204). San Francisco: Jossey-Bass Publishers.

Murphy, J. J. (1997). *Solution-focused counseling in middle and high schools.* Alexandria, VA: American Counseling Association.

National Alliance on Mental Illness (NAMI). (2014). *State mental health legislation 2014: Trends, themes & effective practices.*

National Association of Social Workers (NASW). (n.d.). *School social workers' role in addressing students' mental health needs and increasing academic achievement.*

National Education Association. (2007). Attracting and keeping quality teachers, Retrieved August 4, 2007.

Newsome, S. (2004) Solution-focused brief therapy (SFBT) group work with at-risk junior high school students: Enhancing the bottom-line. *Research on Social Work Practice,* 14(5), 336-343.

Newsome, S. (2004). Soln cion-focused brief therapy (SFBT) group work with at-risk junior high school students: Enhancing the bottom-line. *Research on Social Work Practice*, 14(5), 336-343.

Newsome, S. (2004). Solution-focused brief therapy (SFBT) group work with at-risk junior high school students: Enhancing the bottom-line. *Research on Social Work Practice*, 14(5), 336-343.

Newsome, S. (2005). The impact of solution-focused brief therapy with at-risk junior high school students. *Children & Schools,* 27(2), 83-90.

Newsome, W. S, (2005). The impact of solution-focused brief therapy with at-risk junior high school students. *Children & Schools*, 27(2), 83-90.

Newsome, W. S., & Kelly, M. (2004). Grandparents raising grandchildren: A solution-focused brief therapy approach in school settings. *Social Work with Groups*, 27(4), 65-84.

Norcross, J., & Goldried, M. (2003). *Handbook of psychotherapy integration.* New York: Oxford Press.

Nowicki, S., Duke, M. P., Sisney, S., Stricker, B., & Tyler, M. A. (2004). Reducing the drop-out rates of at-risk high school students: The effective learning program (ELP). *Genetic, Social, and General Psychology Monographs*, 130(3), 225-240.

Nylund, D., & Corsiglia, V. (1994). Becoming solution-focused forced in brief therapy: Remembering something important we already knew. *Journal of Systemic Therapies,*

13(1), 5-12.

O'Connell, M. Boat, T., & Warner, K. E. (eds.) (2009). *Preventing mental, emotional, and behavioral disorders among young people: Progress and possibilities.* Washington, DC: National Academies Press.

O'Hanlon, B., & Bertolino, B. (1998). *Even from a broken web: Brief, respectful solution-oriented therapy for sexual abuse and trauma.* New York: Wiley.

O'Reilly, & Parker, N. (2012). "Unsatisfactory Saturation": A critical exploration of the notion of saturated sample sizes in qualitative research. *Qualitative Research*, 13(2), 190-197.

Olson, K. (2014). *The invisible classroom.* New York: Norton.

Perkins, D. F., & Hartless, G. (2002). An ecological risk-factor examination of suicidal ideation and behavior in adolescents. *Journal of Adolescent Research,* 17, 3-26.

Peterson, C., & Seligman, M. E. P. (2004). *Character strengths and virtues: A classification and handbook.* New York: Oxford University Press.

Piquet, M. L., & Wagner, B. M. (2003). Coping responses of adolescent suicide attempters and their relation to suicide ideation across a 2-year follow-up: A preliminary study. *Suicide and Life-Threatening Behaviour,* 33, 288-301.

Pollock, R., & Kuo, I. (2004). Treatment of anxiety disorders: an update. *Medscape International Congress of Biological Psychiatry Highlights of the International Congress of Biological Psychiatry*, 22-40.

Pomeroy, E. C., & Browning, P. Y. (2013). Eating disorders. *Encyclopedia of Social Work.*

Porges, S.W. (2011). The Polyvagal Theory: Neurophysiological foundations of emotions, attachment, communicationr and self-regulation. New York, NY: Norton.

Rak, C. F., & Patterson, L. E. (1996). Promoting resilience in at-risk children. *Journal of Counseling & Development*, 74, 368-373,

Ratner, H., & Yusuf, D. (2015). *Brief coaching with children and young people: A solution focused approach.* New York, NY: Routledge.

Reid, W. J. (2002). Knowledge for direct social work practice: An analysts of trend. Social Service Review, 770(1), 6-33.

Reisner, A. D. (2005). Common factors, empirically validated treatments, and recovery models of therapeutic change. *The Psychological Record*, 55, 377-399.

Responsive Classroom. (2006). Social and Academic Learning Study (SALS). Retrieved August 1, 2007.

Roehrig, A., Presley, M., & Talotta, D. (2002). *Stories of beginning teachers: First-year challenges and beyond*. South Bend, IN: Notre Dame Press.

Rogers, C. F. (1951). *Client-centered therapy*. Boston, MA: Houghton Mifflin.

Rogers, C. R. (1951). *Client-centered therapy: Its current practice, implications and theory*. Boston, MA: Houghton Mifflin.

Ronfeldt, M., Loeb, S., & Wyckoff, J. (2013). How teacher turnover harms student achievement. *American Educational Research Journal*, 50, 4-36.

Rubin, A., & Babbie, E. (2005). *Research methods for social work*; (5th ed) Belmont CA: Brooks/Cole-Thomson Learning.

Ruchkin, V. V., Schwab-Stone, M., Koposov, R. A., Vemieiren, R. & King, R. A. (2003). Suicidal ideations and attempts m juvenile delinquents. *Journal of Child Psychology and Psychiatry,* 44, 1058-1066.

Rumberger, R. W., & Thomas, S. L. (2000). The distribution of dropout and turnover rates among urban and suburban high schools. *Sociology of Education*, 73, 39-67.

Sabatino, C. A., Kelly, E. C., MoriariLy, J., & Lean, E. (2013). Response to intervention: A guide to scientifically based research for school social work services. *Children & Schools*, 35(4), 213-223.

Saleebey, D. (1992). *The strengths perspective in social work practice*. New York: Longman.

Seagram, B. M. C. (1997). *The efficacy of solution-focused therapy with young offenders*. Unpublished dissertation, York University (Canada).

Selekman, M. (2005). *Pathways to change* (2nd ed.). New York: Guilford.

Selekman, M. D. (1993). *Brief therapy solutions with difficult adolescents*. New York: Guildford Press.

Sharry, J., Darmody, M., & Madden, B. (2002). A solution-focused approach to working with clients who are suicidal. *British Journal of Guidance & Counselling,* 30(4), 383-399.

Shuttlesworth, M., & Zotter, D. (2009). Disordered eating in African American and Caucasian women: The role of ethnic identity. *Journal of Black* Studies, 42, 906-922.

Sklare, G. B. (2005). *Brief counseling that works; A solution-focused approach for school counselors and administrators* (2nd ed). Thousand Oaks, CA: Corwin Press.

Slice, E., Marti, C. N., & Durant. S. (2011). Risk factors for onset of eating disorders: Evidence of multiple risk pathways from an 8-year prospective study. *Behavior Research and Therapy,* 49, 622-627.

Smink, F. R. E., van Hoeken, D., & Hoek, H. W. (2012). Epidemiology of eating disorders: Incidence, prevalence, and mortality rates. *Current Psychiatry Reports,* 14, 406-414.

Solution-Focused Brief Therapy Association (2006). SFBT Training Manual. Retrieved July 3, 2007.

Southam-Gerow, M. A., Weisz, J. R., & Kendall, P. C. (2003). Youth with anxiety disorders in research and service clinics: Examining client differences and similarities. *Journal of Clinical Child and Adolescent Psychology*, 32(3), 375-385.

Springer, D. W., Lynch, C., & Rubin, A. (2000). Effects of a solution-focused mutual aid group for Hispanic children of incarcerated parents. *Child & Adolescent Social Work Journal*, 17(6), 431-432.

Streeter, C. L., & Franklin, C. (2002). Standards for school social work in the 21st century. *Social workers' desk reference*, 612-618.

Streeter, C. L., Franklin, C., Kim, J. S., & Tripodi, S. J. (2011). Concept mapping: An approach for evaluating a public alternative school program. *Children & Schools*, 33(4), 197-214.

Sundstrom, S. M. (1993). *Single-session psychotherapy for depression: Is it better to be problem-focused or solution-focused?* Unpublished dissertation. Iowa State University.

Szlyk, H. (under review). How do teachers engage at-risk students in the classroom: A grounded theory. Manuscript submitted for publication.

Tallman, K., & Bohart, A. (1999). The client as a common factor: Clients as self-healers. In B. Duncan, M. Hubble, & S. Miller (Eds.), *The heart and soul of change: What works in therapy* (pp. 91-132). Washington, DC: American Psychological Association Press.

Texas Education Agency. (2014). Texas Education Agency 2014. Accountability Summer.

Timmermans, S., & Tavory, I. (2012). Theory construction in qualitative research: From grounded theory to abductive analysis. *Sociological Theory*, 30(3), 167-186.

Trace, S. E., Baker, J. H., Penas-Lledo, E., & Bulik, C. M. (2013). The genetics of eating disorders. *Annual Review of Clinical Psychology,* 9, 589-620.

Triantafillou, N. (1997). A solution-focused approach to mental health supervision. *Journal of Systemic Therapies*, 16(4), 305-328.

Triantafillou, N. (2002). *Solution-focused parent groups: A new approach to the treatment of youth disruptive behavior*. Unpublished Dissertation. University of Toronto.

Tripod Project. (2007). Background of Tripod research project. Retrieved August 1, 2007.

US Department of Education, Office of the Undersecretary. (2004). *Educator sexual misconduct: A synthesis of existing literature.* Washington, DC: US Department of Education.

US Department of Health and Human Services, Administration for Children and Families, Administration on Children, Youth and Families, Children's Bureau. (2013). *Child maltreatment 2012*. Washington, DC: US Department of Health and Human Services.

US Department of Health and Human Services. (2014). *Youth risk behavior survellance-United States,* 2013.

US Public Health Service. (1999). *Mental Health; A Report of the Surgeon General.* Washington, DC: U.S. Department of Health and Human Services.

Walrath, C. M., Mandell, D. S., Liao, Holden, E. W., De Carolis, G., Santiago, R. L., & Leaf, P. J. (2001). Suicide attempts in the "Comprehensive Community Mental Health Services for Children and Their Families" program. *Journal of the American Academy of Child and Adolescent Psychiatry,* 40, 1197-1205.

Walsh, & Eggert, L. L. (2007). Suicide risk and protective factors among youth experiencing school difficulties. *International Journal of Mental Health Nursing,* 16(5), 349-359.

Wampold, B. E. (2001). The great psychotherapy debate: Models, methods and findings. Mahwah, NJ: Erlbaum.

Watkins, A. M., & Kurtz, P, D. (2001). Using solution-focused intervention to address African American male overrepresentation m special education: A case study. *Children & Schools*, 23, 223-235.

Weisz, J. R. (2004). *Psychotherapy for children and adolescents: Evidence-based treatmmts and case examples*. Cambridge: Cambridge University Press.

Weisz, J. R., McCarty, C. A., & Valeri, S. M. (2006). Effects of psychotherapy for depression in children and adolescents: A meta-analysis. *Psychological Bulletin*, 132(1), 132-149.

Weisz, J. R., Weiss, B., Han, S, S., Granger, D. A., & Morton, T. (1995). Effects of psychotherapy with children and adolescents revisited: A meta- analysis of treatment outcome studies. *Psychological Bulletin*, 117, 450-468.

Werner, E. E., & Smith, R. S. (1992). *Overcoming the odds: High risk children from birth to adulthood.* Ithaca, NY: Cornell University Press.

Wichstrom, L. (2000). Predictors of adolescent suicide attempts: A nationally representative longitudinal study of Norwegian adolescents. *Journal of the American Academy of Child and Adolescent Psychiatry,* 39, 603-610.

Wilmshurst, L. A. (2002). Treatment programs for youth with emotional and behavioral disorders: An outcome study of two alternate approaches, *Mental Health Services Re-*

search, 4, 85-96.

Wing Sue, D., & McGoldrick, M. (2005). *Multicultural social work practice.* New York: Wiley.

Wylie, M. (1994, March/April). *Endangered species.* Family Therapy Networker.

Yarbrough, J. L. (2004). *Efficacy of solution-focused brief counseling on math assignment completion and accuracy in an elementary school* (Unpublished Dissertation). University of Tennessee, TN.

Zalta, A., & Keel, P. K. (2006). Peer influence on bulimic symptoms in college students. *Journal of Abnormal Psychology,* 115, 185-189.

Zimmerman, T. S., Prest, L. A., & Wetzel, B. E. (1997). Solution-focused couples therapy groups: An empirical study. *Journal of Family Therapy*, 19(2), 125-144.

原文书名：SOLUTION-FOCUSED BRIEF THERAPY IN SCHOOLS: A 360-DEGREE VIEW OF THE RESEARCH AND PRACTICE PRINCIPLES,SECOND EDITION

原作者名：Johnny Kim, Michael Kelly, Cynthia Franklin

图书在版编目（CIP）数据

如何让有效改变持续发生：学校中的焦点解决：原书第 2 版 /（美）约翰尼 S. 金（Johnny S. Kim），（美）迈克尔 S. 凯利（Michael S. Kelly），（美）辛西娅·富兰克林（Cynthia Franklin）著；胡治国，骆宏译．北京：中国纺织出版社有限公司，2025. 5. --（进化中的焦点解决）. -- ISBN 978-7-5229-2337-6

Ⅰ. G455

中国国家版本馆CIP 数据核字第2025Z7P998 号

责任编辑：王　羽　郭紫曈　　责任校对：高　涵

责任印制：王艳丽

中国纺织出版社有限公司出版发行

地址：北京市朝阳区百子湾东里 A407 号楼　邮政编码：100124

销售电话：010—67004422　传真：010—87155801

http://www.c-textilep.com

中国纺织出版社天猫旗舰店

官方微博 http://weibo.com/2119887771

北京华联印刷有限公司印刷　各地新华书店经销

2025 年 5 月第 1 版第 1 次印刷

开本：710 × 1000　1/16　印张：14.75

字数：185 千字　定价：72.00 元

凡购本书，如有缺页、倒页、脱页，由本社图书营销中心调换